Raimund Kolb
Die Oberschwäbische Barockstraße

RAIMUND KOLB
Die Oberschwäbische Barockstraße
Stationen zum Paradies

 JAN THORBECKE VERLAG

Bildnachweis
bodenseebilder.de 135, 144 – C. Kusche, Kennelbach 140 – Ferienlandschaft Allgäu & Oberschwaben und Tourist-Informationen der Region 16, 21, 64, 65, 69 u., 83, 85, 121, 149, Umschlag Rückseite – Fotoarchiv Insel Mainau 132 – Kunstverlag Josef Fink, Lindenberg 8, 18, 63, 72, 138, 143, Umschlag vorne – Landesarchiv Baden-Württemberg, Abteilung Landesforschung und Landesbeschreibung 24, 30 o., 96 – Stiftsbibliothek St. Gallen 122, 125, 126, 129 – W. Aßfalg, Riedlingen 19, 30 u., 33, 35, 37, 39, 40, 43, 101, 150, Umschlag Rückseite – www.BessereWerbung.de 44 – alle übrigen: Archiv des Autors

Impressum
Bibliographische Information der Deutschen Bibliothek
Die Deutsche Bibliothek verzeichnet diese Publikation in der Deutschen Nationalbibliographie; detaillierte bibliografische Daten sind im Internet über http://dnb.ddb.de abrufbar.

© 2006 by Jan Thorbecke Verlag der Schwabenverlag AG, Ostfildern
www.thorbecke.de · info@thorbecke.de

Alle Rechte vorbehalten. Ohne schriftliche Genehmigung des Verlages ist es nicht gestattet, das Werk unter Verwendung mechanischer, elektronischer und anderer Systeme in irgendeiner Weise zu verarbeiten und zu verbreiten. Insbesondere vorbehalten sind die Rechte der Vervielfältigung – auch von Teilen des Werkes – auf photomechanischem oder ähnlichem Wege, der tontechnischen Wiedergabe, des Vortrags, der Funk- und Fernsehsendung, der Speicherung in Datenverarbeitungsanlagen, der Übersetzung und der literarischen oder anderweitigen Bearbeitung.

Wir danken allen Rechteinhabern für die freundliche Genehmigung zum Nachdruck. Trotz nachdrücklicher Bemühungen ist es uns nicht gelungen, alle Rechteinhaber zu ermitteln. Wir bitten diese daher um Verständnis, wenn wir gegebenenfalls erst nachträglich eine Abdruckhonorierung vornehmen können.

Dieses Buch ist auf Arctic the Volume FSC von Berberich-Papier gedruckt.
Gestaltung: Finken & Bumiller, Stuttgart
Gesamtherstellung: Jan Thorbecke Verlag, Ostfildern
Printed in Germany
ISBN-10: 3-7995-0165-7
ISBN-13: 978-3-7995-0165-1

Inhalt

Einführung 7

STATION 1
Ulm und Wiblingen – *Die Reichsstadt und der Klosterjuwel* 23

STATION 2
Obermarchtal – *Ein Hort der Dichtung und Musik* 30

STATION 3
Zwiefalten – *Grandioser Gipfelpunkt drunten im Tal* 40

STATION 4
Bad Saulgau und Kloster Sießen – *Vorderösterreich und Hummel-Kinder* 46

STATION 5
Bad Schussenried – *Der Sitz der Weisheit* 54

STATION 6
Steinhausen bei Bad Schussenried –
Die schönste Dorfkirche der Welt? 61

STATION 7
Biberach – *Bikonfessioneller Barock und Deutsche Klassik* 72

STATION 8
Ochsenhausen – *Wo der Ochse goldne Schätze aus dem Acker fördert* 81

STATION 9
Weingarten – *St. Peter für den schwäbischen Globus* 89

STATION 10
Ravensburg und Weißenau – *Vom schwäbischen Nürnberg
zu den Mönchen in der weißen Aue* 96

STATION 11
Ottobeuren – *Der barocke Leib Jesu Christi* 104

STATION 12
Wangen und Isny – *In der guten Stube des Allgäus* 110

STATION 13
Tettnang – *Repräsentation bis zum Ruin.*
Die Dialektik einer Residenz 118

STATION 14
St. Gallen – *Höhe- und Wendepunkt der Kunst- und Kulturgeschichte* 122

STATION 15
Insel Mainau – *Das Kleinod im Blumenparadies* 132

STATION 15
Birnau – *Das schöne Ende eines Wirtshausstreits* 138

Anhang... 146
1. Künstlerverzeichnis 146
2. Literaturverzeichnis 147
3. Tips und weitere Informationen vor Ort 148

Danksagung 151

Einführung

Lieber Leser,

stellen Sie sich bitte vor, Sie hören zufällig, wie jemand von Ihnen als einem „barocken Menschen" spricht. Solange Sie noch überlegen, ob Ihnen das gefallen würde oder nicht und warum dies so ist, möchte ich Ihnen vorstellen, wer sich da an Sie wendet und – was viel wichtiger ist – von wo aus das geschieht.

Freilich ist mein Name schon ein bißchen Programm. Denn den Vornamen Raimund finden Sie eigentlich nur da, wo früher das Haus Habsburg herrschte. Im deutschen Südwesten bedeutet dies das ehemalige Vorderösterreich.

Vielleicht sind Ihnen, einmal in Weingarten, die wie in Vorarlberg rotweißen Fahnen aufgefallen, die sich hier sogar in den Farben der Straßenschilder wiederfinden. Und wenn Sie gar eine Fahne mit Stadtwappen gesehen haben, darf ich hinzufügen, daß dieses Wappen mit seinen Weintrauben und Welfenlöwen von Kaiser Karl V. als sicherlich dem Mächtigsten seiner Dynastie verliehen wurde.

Der Name Kolb dagegen bedeutet im Altgermanischen und im Griechischen noch heute Hügel oder Bucht, also jedenfalls etwas Rundes. Wenn Sie dieses Land schon einmal bereist haben, müßten Sie bemerkt haben, daß solche Rundungen für unser Oberschwaben konstitutiv sind. Als Erbe der verschiedenen Eiszeiten. Meeresbuchten gibt es bei uns zwar nur am Schwäbischen Meer, doch die haben es, was Schönheit angeht, wirklich in sich. Und so können Sie hierzulande tatsächlich am Busen der Natur ruhen, sei es am Seeufer oder auf einem Allgäuer Kieshügel. Daß ich mich als begeisterter Eingeborener hier äußern darf, hängt natürlich weniger mit meinem Namen zusammen als damit, daß ich hier Theologie, Psychologie und Geschichte unterrichte und seit dem Studium nicht aufgehört habe, Gäste durchs barocke Land zu führen. Seit der Schulzeit schreibe ich auch über unseren Barock. Wichtiger, wurde vorher ausgeführt, sei das Wo – der Ort, von dem aus ich mich an Sie wende. Die gesamte hiesige Barockanlage wurde errichtet vom *Reichsgottshaus Weingarten*. Spätestens

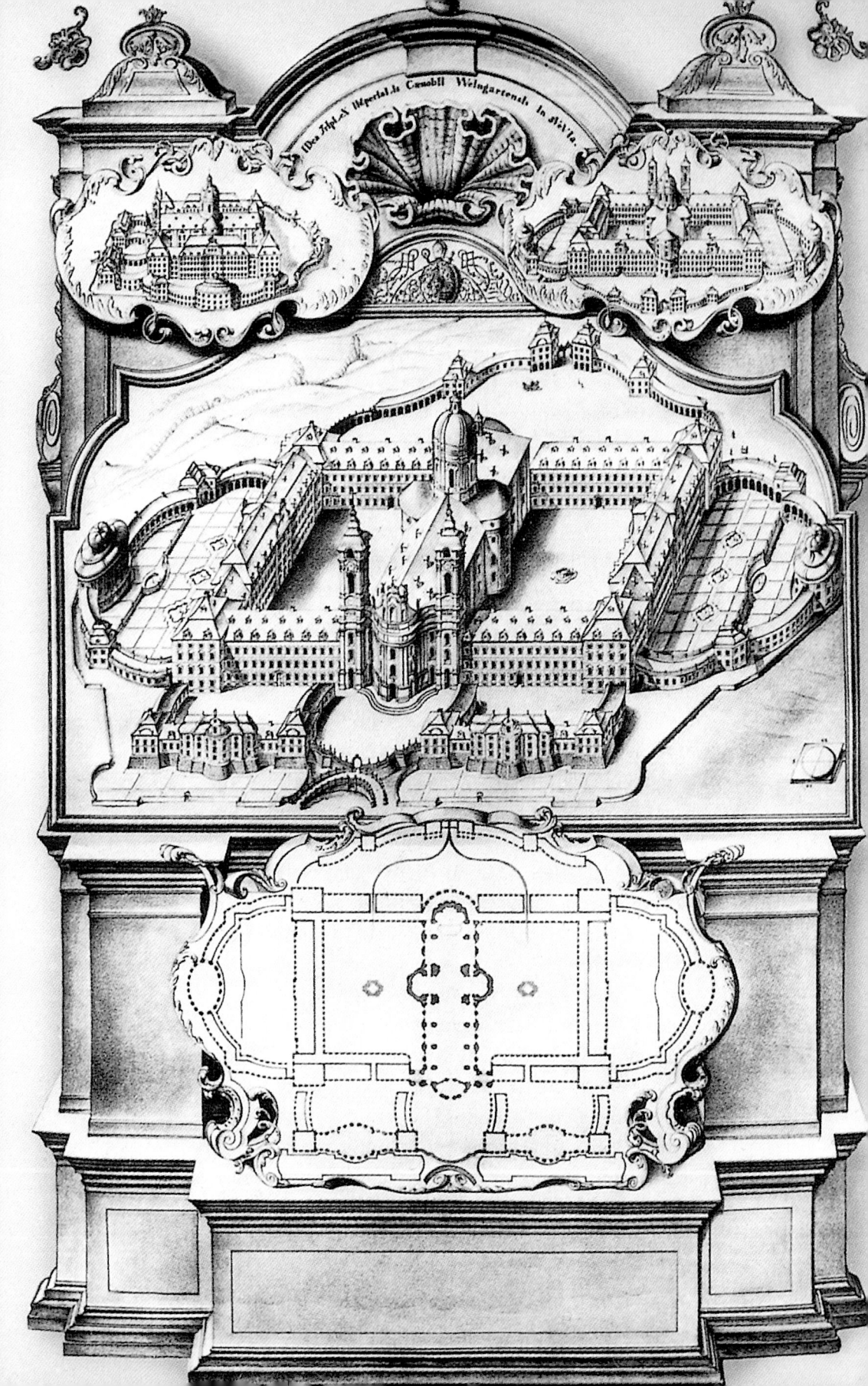

seit 1740 durfte es sich offiziell so nennen, nachdem es in einem Vertrag mit Kaiser Karl VI. für 50.000 Gulden die Reichsstandschaft erworben hatte. Das war immerhin fast ein Viertel dessen, was die 1724 geweihte größte Barockkirche nördlich der Alpen gekostet hatte. Keineswegs zufällig war die Grundsteinlegung 1715 vom päpstlichen Nuntius Jacopo Carraciolo vorgenommen worden mit Ausmaßen, die in Länge, Breite, Chor- und Kuppelhöhe gerade die Hälfte von St. Peter in Rom aufweisen. Ebensowenig zufällig ist die Breite der geplanten Gesamtanlage, wie sie sich am heute rot gepflasterten Osthof abzeichnet: Sie übertrifft um ein Geringes die des Escorials, der allerdings eine wesentlich größere Tiefe aufweist. Immerhin findet sich hier das steingewordene Selbstverständnis einer Institution, die am Stammsitz der Welfen und im Mittelpunkt des Herzogtums Schwaben der verlorenen politischen Zentralität wenigstens ein geistliches Zentrum zwischen Donau und Bodensee entgegensetzen wollte – mit einer seit dem Bau des spanischen Königs üblichen Kombination von Kirche, Fürstengruft, Kloster, Residenz und Verwaltungszentrum. Und in jenem neuen Stil, der die geistigen Errungenschaften jener Zeit sinnfällig demonstriert: Strenge Symmetrie und hierarchische Ordnung vom Eckrisalit bis zur Kuppelspitze spiegeln den Siegeszug logisch-analytischen Denkens in allen Disziplinen von der Mathematik und ihrer Anwendungen in der Mechanik bis zur Metaphysik und damit über das nunmehr als dunkel betrachtete Mittelalter. Also mußte auch das in Romanik und Gotik gewachsene und zugegebenermaßen in langen Kriegsjahren heruntergekommene Gebäudekonglomerat auf dem Weingartener Martinsberg einer völligen Neukonzeption weichen.

Anschaulich erkennen wir am sogenannten Idealplan die dominierende Zentralachse, die Symmetrie und die hierarchischen Stufungen. Daneben fast gleich groß das Wappen des Bauherrn und gegenüber die in Trümmern liegende Vorgängerkirche. Hier wird eine Ordnung dargestellt, wie sie sich auch im Treppenhaus eines barocken Schlosses zeigt: Es gibt für jeden Gast die entsprechende Stufe, auf der er empfangen wird.

In der Raumaufteilung des zu Baubeginn gedruckten Erinnerungsblattes beansprucht der oberhalb des Horizonts abgebildete, metaphysische Überbau fast zwei Drittel. So groß wie die Darstellung des ganzen Martinsberges schweben über diesem die verschiedenen Klosterpatrone. Sie verleihen geistliche und politische Kontinuität und stehen ihrerseits vermittelnd zwischen dem Kloster und der segenspendenden Heiligsten Dreifaltigkeit im obersten Drittel. Solchem überirdischen Beistand entsprechend konnte die Kirche bereits nach siebeneinhalb Jahren Bauzeit

*ER IDEALPLAN
ES KLOSTERS WEIN-
ARTEN (1741)*

geweiht werden. Bei den Gebäudeflügeln gelang dies nur langsamer und nicht zur Gänze wegen der kritischen Haltung sowohl der benachbarten Landvogtei als auch mancher Konventualen und wegen zeitweiliger Finanzprobleme. Erkennbar bleibt aber an der vorhandenen Anlage, daß die genannten Eigenschaften des barocken Stils nicht singulär auftreten, sondern stets gepaart mit ihren Gegensätzen:

ALABASTER PUTTO

Zur Dynamik, wie sie uns im Inneren der Kirche besonders sinnfällig in den bunten Fresken entgegentritt, gesellt sich die Dialektik als das Auftreten von Gegensatzpaaren. Exemplarisch erkennbar ist das am dritten Deckenbild des Mittelschiffs. Es konfrontiert die Aufnahme des Ordensgründers Benedikt in den Himmel mit dem Rauswurf des eitlen Luzifer, dem Engelsturz. Typisch barock ist die Idee, einen Auf- und einen Absteiger der himmlischen Sphäre dem Betrachter hier unten mahnend vor Augen zu stellen. Die durchgängige Bildhaftigkeit des Barock, die hier gar sprachliche Bilder miteinbezieht, können wir daran erkennen, daß der Freskant Asam den zum Teufel Gewordenen plastisch aus dem Bildareal herausfallen läßt: Luzifer ist sichtbar aus dem himmlischen Rahmen gefallen! Hier steht der genannten Rationalität eine intensive Aktivierung des Gefühls gegenüber, wie sie uns in Beispielen aus Plastik und Musik nicht schöner begegnen kann. Als plastische Beispiele möchte ich auf Arbeiten jenes Künstlers verweisen, der seine Karriere hier in Weingarten als junger Geselle begann und später, etwa mit dem „Honigschlecker", geradezu zum Inbegriff des Bodenseebarocks wurde: Joseph Anton Feuchtmaier. Sein Kruzifix ist bei Führungen im Mönchschor der Basilika zu bestaunen. Der noch bewegtere Christopherus befindet sich im Überlinger Heimatmuseum. Angesichts dieser Beispiele frage ich: Gab es jemals bewegtere und bewegendere Figuren als in dieser Epoche?

Merkwürdigerweise wurde und wird auch heute noch der Barockstil als oberflächlich oder rein diesseitig gesehen und abgetan. Als wäre mit ein paar „süßen", für andere auch kitschigen Putti alles gesagt. Wer dieser Epoche aber nur ein wenig begegnet ist, wird nicht nur von der Spannung zwischen den Gegensätzen begeistert sein, sondern auch davon, daß sie wie wohl keine vorher und nachher ein geschlossenes Weltbild vermittelt, das Wissenschaft und Künste, ja alle Lebensbereiche durchdringt. Denn es gibt barocke Küche ebenso wie Kirche, Devotionalien ebenso wie Dichtung, Musik ebenso wie Militärwesen, Garderobe ebenso wie Gartenkunst.

Diese Universalität gilt nun auch geographisch für den jetzt der ganzen Menschheit bekannten und bewußten Erdkreis, dem zuvor von den euro-

päischen Seefahrern nach der Zeitenwende erschlossenen Orbis terrae. Damit kommen wir zu einer zeitlichen und auch geographischen Eingrenzung, also einer Definition unserer Epoche: Nach der Renaissance und dem teilweise zeitgleich auftretenden Manierismus des späten 16. Jahrhunderts wird der Barock von dem ihm völlig gegensätzlichen Klassizismus abgelöst zum Ende des 18. Jahrhunderts. Dieses Zeitalter währte also knapp zwei Jahrhunderte, mit gewissen Unterschieden in den verschiedenen Ländern. Dabei rangiert der deutsche Südwesten – bedingt vor allem durch den Dreißigjährigen Krieg – zeitverschoben etwas später. Der Ursprung liegt, wie an der Wortwurzel und dem Bezug zu den Seefahrern sichtbar bleibt, in den romanischen Mittelmeerländern. Mit „barocco" – unregelmäßig – bezeichnete man dort eine entsprechend gewachsene Muschel.

Einen bedeutenden Einfluß hatte weiterhin die in der Ära erstmals quer durch ganz Europa verlaufende konfessionelle Spaltung. Es gab durchaus auch protestantische Barockkirchen. Nicht nur die Frauenkirche in Dresden, sondern zum Beispiel auch die Ludwigskirche in Lindau. Doch vor allem wurde dieser Stil zum Ausdrucksmittel der Gegenreformation, wie sie sich nach dem Trienter Konzils seit dem Ausgang des 16. Jahrhunderts entfaltete.

Wie es nun kam, daß er gerade im deutschen Südwesten eine zwar verzögerte, dann jedoch umso intensivere Ausprägung erfuhr, das kann uns nur der bereits angekündigte Blick zurück in die Geschichte erklären.

Schauen wir zurück ins ostfränkische Reich mit seinen fünf Stammesherzogtümern. Das südwestlichste davon ist Schwaben. Hier regieren spätestens seit dem frühen 10. Jahrhundert die von den Franken eingesetzten Welfen. Im Konflikt mit dem Stauferkaiser Friedrich I. unterliegt Heinrich der Löwe und verliert seine süddeutschen Besitzungen. Welf VI. schließlich verkauft den Rest an die Staufer. Mit deren Erlöschen in der Mitte des 13. Jahrhunderts beginnt nicht nur das Interregnum, die königslose Zeit, es gibt auch keinen Herzog von Schwaben mehr. Dem endlich 1273 gewählten ersten Habsburgerkönig Rudolf I. gelingt es nur noch vereinzelt, Stücke des alten Herzogtums als Reichsgut zurückzuerlangen. Vereinfacht gesagt wurde daraus das spätere Vorderösterreich. Viele aber, die einst unter dem Herzog gestanden hatten, konnten sich selbständig machen, vom Grafen und Ritter über die aufstrebenden Städte bis hin zu den Stiftern und Klöstern.

Entwicklungen im gesamten Reich wie der allmähliche Ersatz des alten germanischen Gewohnheitsrechtes durch das lateinisch geschriebene kanonische Recht oder die Niederwerfung der Bauernaufstände im 16. Jahrhundert verbesserten die Machtstellung der vielen Landesherren ebenso wie die konfessionelle Spaltung. Mit der Grundregel des Augsburger Religionsfriedens *cuius regio, eius religio* – zu deutsch: wem das Land gehört, der bestimmt die Religion – stiegen sie zu absoluten, also unumschränkten Herrschern in ihren Territorien auf. Schon gegen Ende dieses 16. Jahrhunderts wurde die neue Vorstellung vom Landesherrscher an Gebäuden sichtbar. Am deutlichsten in den Bauten der Bayernherzöge Wilhelm V. und Maximilian I. in der Münchner Residenz sowie in der mächtigen Michaelskirche am stadtseitigen Abschluß des neuerrichteten Jesuitenkollegs, dem dominierenden Zentrum der geistlichen Erneuerung und Gegenreformation in Deutschland.

Der im Geiste religiöser Unduldsamkeit von beiden konfessionellen Seiten herbeigeführte Dreißigjährige Krieg sollte eine tiefe Spur in der deutschen Geschichte hinterlassen. Doch noch vor seinem allmählich alle Künste beeinflussenden Ausbruch wurde in Konstanz ebenfalls ein Jesuitenkolleg mit Kirche und Wohntrakten errichtet. Dazu aber noch einem Theater, das heute als ältestes genutztes Stadttheater Deutschlands anzusprechen ist. Und genau 1618, im Jahr des Kriegsausbruchs, eröffneten die Ravensburger Bürger ihren Theaterneubau zwischen Gespinstmarkt und Marktstraße. Wer einen Kunsthistoriker ärgern will, frage ihn, ob er den Bau als Spätrenaissance oder als Frühbarock anspricht. Doch ein Streit darüber erschiene völlig unangemessen angesichts der Tragik des in der prächtigen Wappenkartusche festgehaltenen Erbauungsjahres 1618.

Eine sehr anschauliche Schilderung der Lage bietet der Dichter Andreas Gryphius in dem Gedicht „Tränen des Vaterlandes". Auf die Beschreibung des äußeren Elends folgt hier die des seelischen, auf die der physischen Notstände die Beschreibung der psychischen. Barock kann nun verstanden werden als ein Streben, alle diese Nöte in ihr Gegenteil zu verwandeln. Armut und Not in Reichtum und Pracht, Leid und Trauer in Freude und Glück. Hier hat die barocke Dialektik ihren Sitz im Leben. Doch die Mittel dazu besitzt nun vor allem die Obrigkeit. Das einzige, was in der allgemeinen Not gewachsen war, war die Macht der Fürsten und Landesherren in ihren Gebieten. Und diese suchten sie nun ganz nach französischem Muster durch einige Maßnahmen auszubauen. Zentrale Planungsmöglichkeiten bewährten sich nicht nur beim Merkantilismus, jenem Wirtschaftssystem, das durch Förderung des Exports und Senkung des Imports dem Machthaber neue Geldquellen erschließt, sondern ebenso bei der sogenannten „Peupelierung", dem Versuch, die Anzahl der

Untertanen möglichst schnell wieder zu erhöhen. Hier hatten Randgebiete wie etwa Oberschwaben gute Möglichkeiten. Denn der Krieg war nur bis zum Gebhardsberg bei Bregenz gekommen. Dahinter gab es übervölkerte Alpentäler, die ihre Bewohner kaum ernähren konnten. Die Einwanderung aus dem Bregenzerwald und dem Alpenrheintal wurde durch die Übereinstimmung in der katholischen Konfession und in der habsburgischen Obrigkeit unter Vorderösterreich erleichtert. Unzählige Montafoner oder Rheintäler Familiennamen wie Lorünser, Tschaggunser, Walser oder Zudrell in unserem Land lassen sich auf diese Periode nach dem Dreißigjährigen Krieg zurückführen.

Andere Territorien füllten die gelichteten Reihen ihrer Untertanen mit Glaubensflüchtlingen, etwa die Landesherren von Württemberg oder von Brandenburg mit vertriebenen Protestanten aus Frankreich oder dem Erzbistum Salzburg.

Ein zusätzliches Mittel zur Sicherung ihrer Macht fanden die Fürsten in der sogenannten Vereinödung, der Auflösung oder einfach Nichtwiederbesiedlung zerstörter Bauerndörfer zugunsten inmitten ihrer Betriebsfläche liegender Einzelhöfe. Ganz abgesehen von der höheren betriebswirtschaftlichen Effizienz, die wiederum höhere Zinsen und Abgaben erbrachte, ergab sie als Nebeneffekt, daß sich vereinzelt lebende Bauern nicht so leicht zu einem gemeinsamen Aufstand verbinden konnten wie etwa in größeren Dörfern.

Doch wer meint, daß man unter den gegebenen politischen Aspekten und nach einem solch furchtbaren Krieg geradewegs einer langen, herrlichen Friedenszeit entgegengegangen wäre, der sieht sich gründlich getäuscht. Die Zahl der Fürsten war kaum kleiner, ihre Konkurrenz im neuen Zeitalter eher größer geworden. Zur objektiv erfahrbaren Macht eines damaligen Herrschers gehörte der Gewinn von möglichst viel Geld. Mit dem konnte er sich eine prächtige Hofhaltung leisten, aber auch viele *Sold*aten zur Sicherung und Vergrößerung seines Territoriums.

Der als so himmlisch süß empfundene „Honigschlecker"-Putto am Bernhardsaltar der Wallfahrtskirche Birnau hatte ausnahmsweise das Glück, in einige Friedensjahre um 1750 hineingeschaffen worden zu sein. Vielleicht kann er uns deshalb so bezaubern. Doch das war nur eine kurze Pause zwischen dem Zweiten und dem Dritten Schlesischen Krieg, der sich seit 1756 als Siebenjähriger Krieg zu einem regelrechten Weltkrieg auswuchs. Damals wurde gleichzeitig im Reich, in Mitteleuropa, aber auch in Afrika, in Indien und in Nordamerika gekämpft. Hier ging es um die Vormacht Preußens oder Habsburgs, dort um diejenige Englands oder Frankreichs.

Und damit wir uns keine falsche Vorstellung von diesen Kämpfen machen, soll hier kurz und beispielhaft an die Schlacht von Höchstädt und Blindheim etwa fünfzig Kilometer nordöstlich von Ulm erinnert werden. Am 13. August 1704 wurden dort bei einem Kampf von 100.000 Soldaten an einem einzigen Tag 25.000 getötet oder schwer verwundet. Doch das war nur *eine* Schlacht im damaligen Spanischen Erbfolgekrieg. Bedenken wir, daß es davor schon drei Eroberungskriege Ludwigs XIV. gegen das Reich mit den bekannten Zerstörungen in Heidelberg und der Pfalz gab, und bald danach einen Polnischen Erbfolgekrieg. Das Thema „Armut im Barock", das hier keineswegs vergessen sein soll, ist auch weithin ein Folgeproblem der vielen Kriege. Und es weist einen sozialen Teufelskreis auf: Wer arm ist und nichts Gefragtes gelernt hat, geht – oft genug gezwungenermaßen – zu den Soldaten. Die allerwenigsten kamen als gemachte Leute zurück. Hier im Bodenseeraum denkt man da an die Schilderungen des „armen Mannes im Toggenburg", Ulrich Bräker. Viele kamen nämlich gar nicht oder aber als Krüppel und Invaliden zurück. Als solche verstärkten sie die allgemeine „Bettelfuhr", mit der sich die benachbarten Obrigkeiten die soziale Verantwortung gegenseitig zuschoben.

Einen unerwarteten Eindruck vom Ausmaß des barocken Kriegswesens gewann ich bei der Arbeit über den Maler Franz Joseph Spiegler: Seine Heimatstadt Wangen beschwerte sich, daß man schon so lange auf das bei ihm bestellte Altarbild für die Stadtpfarrkirche warte. Darauf schrieb der Künstler im Januar 1739, das Bild sei sehr schön geworden und schon lange fertig. Er finde aber „wegen des Krieges" keinen Boten, um es von seinem Wohnort Riedlingen nach Wangen bringen zu lassen! Selbst als Historiker brauchte ich einige Zeit, bis ich als Hintergrund den vierten Türkenkrieg Österreichs innerhalb von siebzig Jahren fand. Vor diesem Fragehorizont fand ich dann an die zwanzig große – heute würden wir sagen internationale – Kriege in der Barockepoche.

Diesen Zeitabschnitt stellt sich der heutige Mensch zumeist ganz falsch vor, gerade wenn er, etwa zum Blutfreitag, durchs blühende Oberschwaben nach Weingarten kommt oder ganz „bodenseelig" zu einem Konzert in die Birnau. Barock war also keine Friedensepoche, sondern der Geschichtsabschnitt, in dem die europäischen Mächte um die Hegemonie kämpften. Und zwar nicht mehr nur vor ihrer Haustüre, sondern in der ganzen Welt.

Die Kunst hatte dabei eine wichtige Funktion, und die erfüllt sie bis heute hervorragend: Die Funktion, eine Friedensidylle zu erzeugen. Für den frommen Beter zum Beispiel, wenn er sich aus dieser Welt in eine Kirche

AUF PARADIESISCHEN WEGEN ZUM BAROCK

flüchtet. Oder der Edelmann in einen barocken Lustgarten. Also nicht Spiegel einer perfekten Friedenslandschaft sind diese inszenierten Gesamtkunstwerke, sondern Ausdruck einer das Gegebene überschreitenden Sehnsucht, die sich in der Kirche mit einer metaphysischen Sehnsucht nach dem ewigen Frieden verbinden sollte.

Es ist die Kunst, welche die eigentlich so gegensätzlichen Pole Bauen und Kriegführen miteinander verbindet: Es wird sich schwerlich ein Barockschloß finden lassen, an dem nicht Kriegsfahnen, Trommeln, Hellebarden und Kanonen ihren Anteil am Dekor der Front- und Giebelseiten haben. Und verdankt nicht das Belvedere, das erste Wiener Barockschloß seine Entstehung den siegreichen Kriegszügen des Prinzen Eugen, des Siegers auch von Höchstädt. Und Rastatt, eine der ersten Repliken von Versailles auf deutschem Boden, jenen Friedrich Wilhelms von Baden, des „Türkenlouis", auf den Kriegsschauplätzen des Balkans?

Da stellt sich nur noch die Frage, wer denn nun diesen militärischen Bauherren ihre Bauten im neuen Stil errichtete? Da waren viele aus den und von jenseits der Alpen dabei – es sei an die oben erwähnte Einwanderung erinnert. Jene nun brachten gleich den neuen Stil mit. Barock ist also bei uns in doppelter Hinsicht eine ultramontane Angelegenheit. Speziell für die Oberschwäbische Barockstraße mit ihren zahlreichen Bauobjekten gilt da eine einfache Faustformel: Vorarlberger Architekten plus Wessobrunner Stukkateure.

Um einige Namen zu nennen: Die Thumb und die Beer aus dem Bregenzer Wald arbeiteten erfolgreich zusammen mit den oberbayerischen Schmuzer und Feuchtmaier. Wie weit gerade die Zunft aus Au im Bregenzer Wald ins damalige Südwestdeutschland ausgestrahlt hat, ist überaus beeindruckend. Vom Comer See, vom Luganer See und dem Lago Maggiore kamen die Frisoni, Scoti, Corbellini und Carlone, die heute Norden und Süden unseres Landes verbinden in der Gestalt der barocken Anlagen von Ludwigsburg und Stuttgart einerseits sowie Weingarten und Ottobeuren andererseits. Sie kamen gerade recht, als man sich von der ersten großen Not- und Pestzeit des Dreißigjährigen Krieges erholt hatte und die Höfe, Mühlen und Kornhäuser wieder aufgebaut waren. Jetzt wollte man im neuen Stil residieren und dabei wirklich repräsentieren.

Freilich wurde der Stellenwert der Repräsentation zuweilen überschätzt. Wie bei den Grafen von Montfort. Als beim ersten barocken Schloßbau in Tettnang ein Brand dazwischenkam, wurde die Vierflügelanlage noch schöner und größer angelegt. Mit dem Effekt, daß bei der Fertigstellung auch die Finanzen restlos erschöpft waren. Also wurde die gesamte bank-

SCHLOSS WOLFEGG

BAROCKE KÖRPERSPRACHE

rotte Grafschaft der alteingesessenen Adelsfamilie an das Haus Habsburg verkauft, samt dem Titel – und natürlich auch der neuen Residenz. Baukostenüberschreitungen sind also kein ausschließlich modernes Thema, sie gab es schon in der Barockzeit. Im oberschwäbischen Bereich ist die Wallfahrtskirche von Steinhausen das schönste Beispiel mit dem ihretwegen geschaßten Abt von Schussenried.

Es gibt noch einen weiteren überraschenden Berührungspunkt zwischen Barock- und Jetztzeit. Der liegt in der erstaunlich schnellen Veränderung der herrschenden Mode. Und da macht uns der Barock sogar noch etwas vor: Während es Ortsfremden schwerfallen dürfte, das Baujahr der den Ortskern keineswegs verschönernden Bank zwischen Endsechzigern und frühen Neunzigern des letzten Jahrhunderts abzulesen, kann ein Stuckexperte das Produkt aus feinem Gips meist bis auf fünf Jahre genau datieren.

Um ein paar Beobachtungshilfen zu geben, möchte ich wenigstens die Hauptphasen der Stuckentwicklung skizzieren: Schwer, halbplastisch und farblich meist grün-gelb gefaßt, tritt er aus der Renaissance heraus, wird gegen 1700 herum etwas leichter und reinweiß und integriert zuwei-

len Lebewesen in die Frucht- und Blumenornamente wie etwa in Obermarchtal. Er wird schnell leichter und dünnflächiger, als wäre der Gips plötzlich teurer geworden, bekommt viele geometrische Muster und dann eine rosa und gelbliche Fassung (Schlößle Weingarten), legt mit dem Rokoko plötzlich die bisherige Symmetrie ab (Birnau) und wuchert nun wieder üppiger und floral fast wie Unkraut an den Gebäudekanten entlang (Amtshaus Obermarchtal).

Bei der Freskomalerei verläuft die Entwicklung vielleicht noch dramatischer: Wäre die Klosterkirche Weingarten nicht 1715, im Todesjahr von Ludwig XIV., sondern fünf Jahre früher gebaut worden, dann hätte sie weiße Stuckdecken wie Obermarchtal oder die heutige Schloßkirche Friedrichshafen, die als Weingartener Prioratskirche Hofen so eine Art Generalprobe für die Basilika war. Da tritt plötzlich die alte, fast vergessene Technik des Freskos wieder auf. Und nun können wir beim Gang durch die Kirche mitverfolgen, wie der Maler Asam Joch für Joch seine Deckenbilder ausdehnt, beginnend von einem Mittelmedaillon über die ganze Tiefe des Gewölbes, bis er schließlich auch die gesamte Breite beansprucht und den Stukkateur an die Wand verweist.

In den letzen Lebens- und Schaffensjahren Cosmas Damian Asams vollzieht sich ein weiterer großer Schritt. Die seit der Romanik üblichen Gebäudejoche werden zumindest an der Decke aufgegeben. An ihrer Stelle zieht sich eine einzige gewölbte Fläche, eine sogenannte Spiegeldecke über das ganze Kirchenschiff.

OBEN:
KAPELLE BEI
HUMMERTSRIED

UNTEN:
ALPENPANORAMA
BEI
STAFFLANGEN

Zu sehen ist das hierzulande in Wolfegg, in Steinhausen und dann vor allem in Zwiefalten. Dabei ereignet sich wieder ein völliger Wechsel im Konzept der Freskomalerei: Zu Asams Zeiten triumphierte das sogenannte Trompe-l'Œil mit seiner das Auge täuschenden perspektivischen Scheinarchitektur. So wurde das in Rom bei den Jesuiten gelehrt, dort, wo die Bauten der Antike noch als Ruinen die Landschaft dominierten. Doch keine fünf Jahre nach Weingarten tritt nördlich der Alpen erstmals die neue venezianische Malschule auf mit Vertretern wie Amigoni und später Tiepolo. Sie ersetzt die schweren römischen Architekturstaffagen durch die hellen Himmel der Lagunenstadt in der Bildmitte und gruppiert die darzustellenden Personen rund um den Bildrand. Kunstgeschichtlich kann hier von einem maritimen Zentralhimmel mit einem geschlossenen terrestrischen Horizont gesprochen werden.

Einer der Süddeutschen, die dies übernehmen, ist der ältere der beiden kongenialen Zimmermann-Brüder, Johann Baptist. Zum Beispiel an der Decke von Steinhausen. Auf ihren Höhepunkt geführt wurde die neue

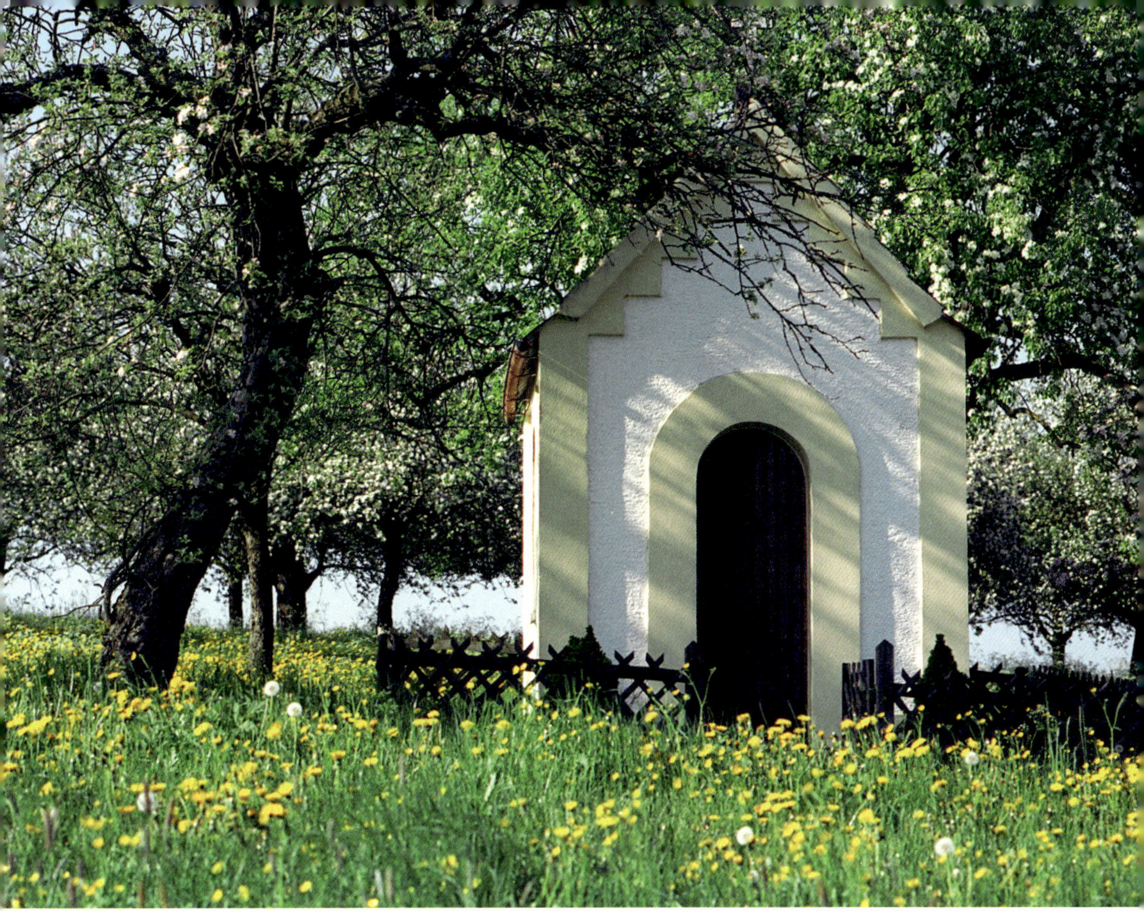

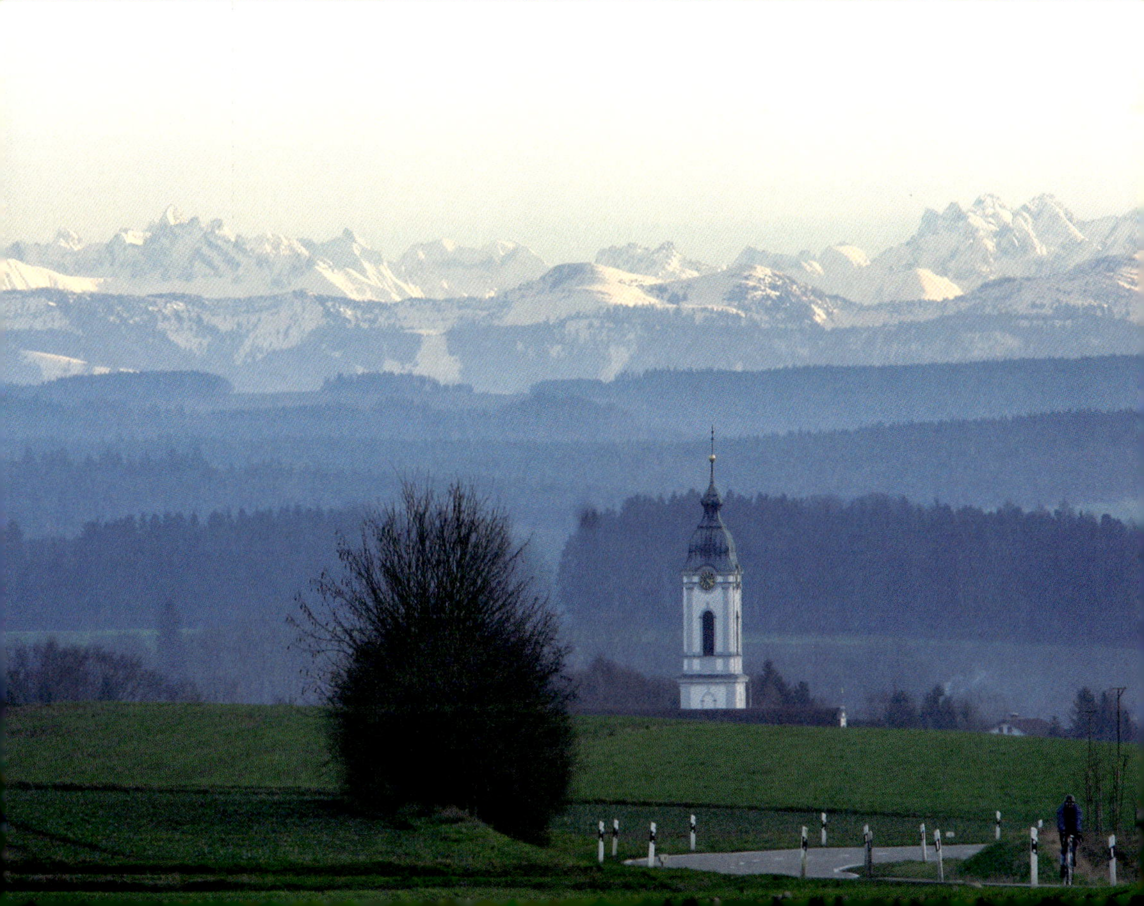

Stilrichtung aber von Franz Joseph Spiegler etwa in Zwiefalten. Gleichzeitig erreicht in seinen Fresken der Himmel mit seinen nach oben saugenden Wolkenbänken eine unerreichte Dynamik. Niemals wurde Transzendenz glaubwürdiger und mitreißender gestaltet!

Mit diesem Höhepunkt in der Kunst der Epoche nähert sich auch unser Rundblick über den oberschwäbischen Barock seinem Höhepunkt und Ende. Als Fazit läßt sich festhalten:

Wir haben, zum Schluß unter dem Gesichtspunkt der Modernität, eine überaus vielgestaltige Epoche kennengelernt. Sie spielte sich vor der nationalen Aufspaltung des 19. Jahrhunderts in einem einzigen, internationalen Europa ab, das dabei war, die soeben mit allen Erdteilen entdeckte Welt zu durchdringen und zu beherrschen. Eine Epoche, die uns allein deshalb heute sehr viel zu sagen hat über die Ursprünge heutiger globaler Verhältnisse, die aber bei aller Weltbezogenheit noch eine große, von den Denkern allgemein geteilte Metaphysik entwickelt hat. Und daraus erwuchs, trotz der vielen erstaunlichen Parallelen zur Jetztzeit, ein großer Unterschied: Bei aller oft prallen irdischen Weltliebe wurde der Tod nie verdrängt. Im Gegenteil: Er ist immer präsent, im Alltagsleben ebenso wie in der Kunst und in der Kirche. So verfügt eine Barockkirche fast immer über einen dem Tod eigens gewidmeten Altar. Ob er nun dem vorbildlichen Sterben des hl. Benedikt geweiht ist oder dem des neuentdeckten Modeheiligen des Zeitalters, des hl. Joseph.

Barocke Dialektik macht eben auch vor der Spannung zwischen Leben und Tod nicht halt, die unser ganzes Leben überschattet und die wir heute nicht mehr wahrnehmen wollen. Dies ist etwas, was wir auf jeden Fall vom Barock lernen können. Am Besten anläßlich eines Besuchs einer der Stationen der Oberschwäbischen Barockstraße. In diesem Sinne darf ich zur Ausgangsfrage zurückkehren: Was würden Sie empfinden, wenn sie hörten, daß von Ihnen als einem „barocken Menschen" gesprochen würde?

STATION 1
Ulm und Wiblingen
Die Reichsstadt und der Klosterjuwel

Ulm

Heutzutage nähert man sich Ulm mit dem ICE oder über die Autobahn. Einstmals erreichte man die Stadt per Kutsche oder manchmal sogar mit dem Schiff: Heute wie damals bildet Ulm das natürliche Einfallstor nach Oberschwaben. Das galt sogar militärisch: Nach dem Sieg Napoleons vor der Stadt 1805 gab es für ihn kein Halten mehr bis Wien!
Die marktbeherrrschende Stellung der Donaustadt an der Mündung von Iller und Blau war bereits im Mittelalter so groß, daß in weitem Umkreis die Redensart zu hören war: *Ulmer Geld / regiert die Welt!*
Verstärkt durch den 1377 begonnenen Bau und die Ausgestaltung des riesigen Münsters als größte Bürgerkirche ihrer Zeit konnte sich hier auch ein Zentrum der Kunst entwickeln. Glasfenster, Tafelbilder und vor allem Schnitzwerke des 15. und frühen 16. Jahrhunderts finden sich so vielerorts entlang der Oberschwäbischen Barockstraße. Gerade die Madonnen und Heiligenfiguren des sogenannten „weichen Ulmer Stils" eines Jörg Syrlin oder Michael Erhard werden mit Vorliebe von späteren Bauherren des Barock-Stils auf die Altäre ihrer barocken Neu- und Umbauten gestellt. Anders die von radikalen reformatorischen Predigern fanatisierten Ulmer Bürger: Im Bildersturm des Jahres 1531 wurden an einem einzigen Tag 60 Altäre aus dem Münster gerissen und zerstört!
Im Schatten des bis ins 19. Jahrhundert hinein turmlosen Münsters blieb fortan der gotische Stil, der als einem nüchternen Protestantismus angemessen empfunden wurde, erhalten. Doch damit standen die Ulmer Bürger in Oberschwaben nicht allein. Die ebenfalls Freien Reichsstädte Memmingen, Lindau, Leutkirch und Isny taten es ihnen gleich. Lediglich Biberach und Ravensburg entschieden sich mit dem fränkischen Dinkelsbühl als im Reich namentlich genannte paritätische oder „bikonfessionelle" Städte zu verfassungsmäßiger religiöser Toleranz innerhalb der eigenen Mauern.

SO BOT SICH ULM
DEM BESUCHER DES
19. JAHRHUNDERTS
DAR.

Während dort die bikonfessionelle Konkurrenz den Künsten durchaus förderlich war, mag es nicht verwundern, daß Ulmer Barock vor allem außerhalb der Stadt an den Landsitzen der in den Adel aufgestiegenen Patrizier begegnet. Am auffälligsten auf unserem Weg nach Süden: der Landsitz der Herrschaft von Ulm-Erbach auf einem steilen Hügel über der Donau. Allein die Aussicht rechtfertigt schon die Auffahrt, obendrein gibt es eine der berühmten Ulmer Madonnen und großartige Malereien des Tiepolo-Schülers Martin Kuen zu bewundern.

In Ulm selbst hat der die Altstadt zu vier Fünfteln vernichtende Zweite Weltkrieg die mit einer Rokoko-Ausstattung versehene Wengen-Kirche bis auf geringe Reste zerstört. Einzig das Stadtmuseum im Kiechelhaus an der Neuen Straße berichtet anhand einiger barocker Skulpturen und Tafelbilder von jener Kunstepoche in der Donaustadt, darunter Spitzenstücke des ausgehenden Rokoko von Franz Anton Maulbertsch und Januarius Zick.

Wiblingen

Dominiert in Ulm bis heute die Gotik, so wird der Barockreisende wenige Kilometer flußaufwärts von einer barocken Großanlage empfangen: Bereits im Jahre 1093 gründeten die gräflichen Brüder Hartmann und Otto von Kirchberg auf der geschützten Terrasse zwischen Donau und Iller kurz vor deren Mündung das Kloster *de Guibelingo*. Dazu beriefen sie Benediktinermönche aus dem Reformkonvent St. Blasien. Als besonderes spirituelles Erbe übergaben die Grafen ihrer Stiftung jene Partikel vom Kreuz Christi, die sie selbst von ihrer Pilgerfahrt ins Heilige Land mitgebracht hatten. Die Klostervogtei verblieb nach damaliger Sitte bei der Stifterfamilie und kam erst im 16. Jahrhundert an die Fugger. Doch 1701 gelang dem Kloster der Erwerb der Vogtsfreiheit und der Hohen Gerichtsbarkeit, einschließlich der sieben zugehörigen Dörfer – wenn auch unter vorderösterreichischer Landeshoheit. Um die neue Stellung nach außen sichtbar zu machen, begann Abt Modestus Huber nach einem Zwangsaufschub durch den Spanischen Erbfolgekrieg, 1714 mit dem Bau völlig neuer Gebäude: Eine stark von Einsiedeln (Schweiz) her beeinflußte, symmetrische Gesamtanlage sollte vom neuen Geist des Barock künden, gerade wie beim vorbildhaften spanischen Escorial! So nimmt es nicht Wunder, daß der auch in Ochsenhausen und Lindau wirkende Baumeister Wiedemann aus Elchingen nach der Ökonomie zuerst den dekorativ mit Mittel- und Eckrisaliten erhöhten Nordflügel in Angriff nahm, der sich der protestantisch-gotischen Reichsstadt Ulm zuwendet. Dieser Bauteil birgt auch den prächtigsten Innenraum des Klosters: den 1744 ausgemalten Bibliothekssaal. 1754 kamen nach Entwurf des Münchener Hofbaumeisters Johann Michael Fischer der noch längere Ostflügel mit seinem schloßartigen Mittelaufbau über dem Kapitelsaal und ein Plan für die Konvents- und Wallfahrtskirche hinzu. Deren Ausführung von 1772 an erlebte Fischer nicht mehr, und seine Zentralraumidee wurde unter den Nachfolgern nicht verwirklicht. Dabei wanderten Fischers geplante Chortürme als schräg vorgesetzte und eingezogene Fassadentürme nach Westen. Wie der Besucher beim Gang durchs Tor des vorgelagerten Ehrenhofs sofort erkennt, wurden diese Türme nur bis zur Höhe des Kirchendachs vollendet. Die überwältigende Wirkung der 75 Meter hoch geplanten Türme kann jedoch an einem Holzrelief über dem Abtsitz des Chorgestühles erahnt werden: Es zeigt zusammen mit den beiden Stiftergrafen einen sogenannten „Idealplan" für Wiblingen.

1778 erhielt der an sich schon hell und modern wirkende Kirchenraum durch die Freskierung von Januarius Zick seine frühklassizistische Prägung. Dieser Sohn des immerhin im Gartensaal des Würzburger Schlosses freskierenden Schwaben Johann Zick hatte sich nicht nur in Italien, sondern danach auch noch in Frankreich weitergebildet und läßt schon die abgeklärt kühl-klare Farbigkeit eines Revolutionsmalers wie Jacques-Louis David erahnen. Da Januarius in der Komposition aber noch dem spätbarocken Pathos mit seiner Augentäuschung (Trompe-L'Œil) und einer perspektivischen Untersichtigkeit verhaftet ist, gelingt es dem auf wenige großgemalte Motive konzentrierten Freskenzyklus, die Kirche gewaltig nach oben aufzureißen und dabei dem bis zum Wandgesims fast ganz auf ein goldgefasstes Weiß beschränkten Farbspiel eine krönende Ergänzung an der Decke angedeihen zu lassen.

Theologisch setzt der zentrale Bilderzyklus die Verkündigung jenes Kreuzes fort, das infolge des Bildersturms vom Ulmer Münster hierher kam und in der drei Jahrhunderte jüngeren Raumschale von Wiblingen eine großartige Wirkung erzielt. Hans Multschers Meisterstück vermittelt am ansonsten niedrigen Kreuzaltar im Osten der Vierung optisch wie heilsgeschichtlich zu den Deckengemälden:

Letztes Abendmahl in der Altarapsis, Kreuzauffindung unter Kaiserin Helena im Chor, Wiedereroberung, Heimtragung und Erhöhung in Jerusalem unter Kaiser Heraklius in der Hauptkuppel und schließlich im Langhaus die endzeitliche Wiederkunft Jesu Christi vor dem leeren Kreuz und Thron unmittelbar vor dem Jüngsten Gericht. Passend dazu ist die Bibel

DAS ULMER KREUZ ALS SPIRITUELLES ZENTRUM DES WIBLINGER ZENTRALRAUMS

aufgeschlagen bei der berühmten Paulusstelle 1 Kor 1,18: „Das Wort vom Kreuz ist Torheit denen die verloren gehen; uns aber, die gerettet werden, ist es Gottes Kraft." Eine aktuelle Auslegung dieses zeitlos gültigen Mottos eines gelebten Christentums darf von der im Zopfstil dekorierten Kanzel her ebenso erwartet werden wie sie bildlich in ihrem Gegenstück, der Aussendungsgruppe der Apostel vom Bildhauer gegeben wird. Ihm untergeordnet erscheinen buchstäblich als Seitenmotive die Fresken der Seitenkapellen mit den bedingungslos dem Gekreuzigten folgenden heiligen Sebastian und Magdalena, deren ebenfalls von Zick geschaffene Altarblätter und die großen weißen Stuckfiguren an den Altären. Angesichts des sich auch im Chorgestühl und an den Brüstungen der Langhausempore immer stärker ausprägenden Klassizismus scheint es, als würden die in ihrer dramaturgischen Auffassung noch hochbarocken Figuren an den Altären zusammen mit dem Pathos der Freskomalerei für ihren letzten Auftritt in Oberschwaben alle Überzeugungskraft aktivieren!

Ein noch von keinerlei späterer Beruhigung oder Begradigung beeinflußtes Ensemble lädt im Nordflügel zu einem Rückblick in das eine Generation vor dem Kirchbau noch gänzlich unerschütterte Rokoko: der dank seiner geschwungenen Galerie mit der feinen Balustrade und der Zweigeschossigkeit viel größer als 23 auf 11 Meter wirkende Bibliothekssaal. Auch er steht unter einem paulinischen Motto (Kol 2,3): „In welchem alle Schätze der Weisheit und Wissenschaft sind." Die offenen Bücherregale beider Geschosse sind durch zwei versteckte Wendeltreppen verbunden – und durch das deckenaufreißende Fresko in der Gewölbetonne. Der seinerzeit erst 25jährige Martin Kuen aus Weissenhorn stellte um das apokalyptische Lamm als Zentrum der himm- lischen Weisheit herum die antik-heidnischen und die christlichen Wissenschaften dar. Diese Thematik wird von zehn weiß gefaßten Schnitzfiguren von Dominikus Herberger aus Dietenheim veranschaulicht. Die allegorischen Frauengestalten stehen für vier Wissenschaften, vier christliche Tugenden sowie das geistliche und das weltliche Recht.

Das einzige, was diesem Kleinod zur Vertiefung in das anschaulich geschlossene Weltbild des 18. Jahrhunderts fehlt, sind die 1803 entführten Bücher der einst wegen ihrer Gelehrsamkeit berühmten Abtei. Es bleibt dem heutigen Besucher nur, sich hier und entlang der gesamten Barockstraße anhand der erhaltenen Kunstwerke in diese einzigartige europäische Epoche zurückzuversetzen.

KANZEL
IN WIBLINGEN

Ober-Marchthal.

STATION 2
Obermarchtal
Ein Hort der Dichtung und Musik

Geographie wie Kunstgeschichte bestimmen Obermarchtal zum Auftakt der Oberschwäbischen Barockstraße. Ob man aus dem Raum Tübingen-Reutlingen kommend quer über die Alb, von Ulm her die Donau aufwärts oder von Sigmaringen her donauabwärts unterwegs ist – hier begegnet man der ersten jener großartigen Klosteranlagen, die in Oberschwaben wie auf einer Perlenkette aufgereiht erscheinen. Ja, man könnte an diesem Ort wahrlich auf die Idee kommen, sich am Eingang einer Art von irdischem Paradies zu befinden, besonders an Tagen, an denen der weite oberschwäbische Himmel in föhniger Bläue einen Hauch Südlichkeit übers Land zaubert.

Auch kunsthistorisch steht Obermarchtal, was den Siegeszug des Barock im Schwabenland angeht, eher am Anfang. Auch wenn da und dort schon früher Bauleute am Werk waren, so liegt mit dem Jahr 1686 der Baubeginn der Kirche lange vor den anderen Zeugnissen der Barockarchitektur, die auf unserer kleinen Kunstreise begegnen – dreißig Jahre vor Weingarten, fünfzig Jahre vor der Schloßkirche auf der Mainau, über sechzig Jahre vor der Vollendung der Birnau, fast achtzig Jahre vor der Vollendung von Zwiefalten.

Die beherrschende Lage des Klosters am hohen Uferabbruch über der Donau verrät den altehrwürdigen geschichtlichen Ort ebenso wie das Patrozinium St. Peter und Paul. Die Alaholfinger, suebische Gaugrafen, gründeten es im 8. Jahrhundert neben ihrer Stammburg. Nach dem vorübergehenden Verfall der Bauten errichtete Herzog Hermann II. von Schwaben eine neue Klosterkirche, die der heilige Gebhard als Konstanzer Bischof 995 weihte.

Die Glanzzeit Obermarchtals begann mit der Umwandlung des Klosters in ein Prämonstratenserstift unter Pfalzgraf Hugo von Tübingen 1171 und der Besiedlung durch Mönche aus dem nahen Rot an der Rot. Die Erhebung zur Reichsabtei erfolgte schon im Jahr 1500. Von 1686 an betrieb Abt

DIE KLOSTER-
ANLAGE VON
OBERMARCHTAL
IM 19. JAHR-
HUNDERT UND
HEUTE.

Nikolaus Wierith (1661–1691) den Bau einer neuen Klosterkirche, die wegen ihrer charakteristischen Gestaltung in der Folgezeit zum Vorbild manch anderer barocker Kirchenbauten im süddeutschen Raum wurde. 15 Jahre dauerten die Arbeiten. 1701 fand die Weihe statt.

Mitten in der höchsten geistlichen und wirtschaftlichen Blüte traf das Kloster 1802/03 der Bannstrahl der Säkularisation, die durch staatlichen Eingriff verfügte Enteignung und zwangsweise Auflösung der geistlichen Territorien in ganz Deutschland. Obermarchtal versank zunächst in Vergessenheit. Freilich zeitigte das nicht nur nachteilige Folgen. Während Industrialisierung und Verstädterung das Gesicht anderer Regionen Deutschlands radikal und erkennbar veränderten, ist die Zeit an Obermarchtal und anderen Kunstschauplätzen Oberschwabens zumindest äußerlich fast spurlos vorübergegangen.

Das spüren wir, wenn wir in Obermarchtal auf dem Dorfplatz angekommen sind: Rechts die Klosterwirtschaft, links die großen Ökonomiegebäude, die von der Fruchtbarkeit des Kornlandes am Fuße der Alb berichten. Und was haben die geistlichen Herren daraus gemacht!

Davon erzählt ein Gang durchs Klostertor. Mit seinen unübersehbaren Säulenpaaren an der Vorderfront belehrt es den Besucher, daß er einen reichsunmittelbaren Klosterstaat betritt. Denn Säulen galten zu jener Zeit nicht nur als Symbol der Beständigkeit, sondern auch als Sinnbild des vom ehemaligen Römischen Reich abgeleiteten Kaisertums und aller Institutionen, die unmittelbar dem Kaiser des Römischen Reiches Deutscher Nation unterstanden. Sie demonstrierten selbstbewußte Unabhängigkeit vom Territorialfürsten und Zugehörigkeit zu einer höheren, umfassenderen Einheit.

Welch überwältigender Anblick bietet sich uns nach dem Passieren des Klostertores!

Der Rundblick über einen weiten Hof erfaßt architektonische Elemente aus verschiedenen Stilepochen: von gotischen Staffelgiebeln bis zu rokokostuckierten Konventsflügeln. Das Gemenge verdeutlicht die lange Geschichte des Klosters. Inmitten der Anlage dominiert jedoch die Kirche mit ihren großzügigen Maßen: Bei 61 Metern Länge weist sie eine Breite von fast 29 Metern und eine Höhe von fast 34 Metern auf. Das riesige Dach wird noch von den 72 Meter hohen Doppeltürmen mit laternengeschmückten Kuppeln überragt.

Das Querschiff gliedert den frühbarocken Außenbau im Verhältnis von drei zu vier Fensterachsen. Dabei befinden sich, für die damalige Zeit durchaus unüblich, die langen Bogenfenster über ovalen Unterfenstern.

DER HEILIGE ISFRIED AM ROSENKRANZALTAR

Wuchtig wirkt dann der klassische Dreiecksgiebel über der von einem schmalen Dachgesims abgesetzten Westfront mit der Eingangstür.

Im Kircheninneren eröffnet sich aus der Vorhalle unter der Orgelempore ein majestätischer Raum. Wir erblicken eine Abfolge von Wandpfeilern korinthischer Ordnung – nach antikem Vorbild mit reichgeschmückten Kapitellen – mit über den Seitenkapellen umlaufenden Emporen. Das Mittelschiff erhält sein Licht von den hohen Oberfenstern und beeindruckt mit seiner breitgewölbten Tonnendecke. Sie ist wie die Reihe der Wandpfeiler mit strahlend weißem, nahezu vollplastischem Stuck ornamentiert. Lorbeerstäbe, Akanthusblätter, Rosetten und da und dort ein Engelsköpfchen finden sich in souveräner Komposition.

Mehr noch als von außen verrät die Basilika in ihrer inneren Raumwirkung die Verwandtschaft mit der Wallfahrtskirche auf dem Schönenberg bei Ellwangen. Das ist kein Zufall: Baumeister hier wie dort war Michael Thumb (1640–1690) aus Au im Bregenzerwald. Er, sein Bruder Christian und sein Sohn Peter gehörten der Vorarlberger Bauschule an, welche die Entwicklung des Barock in Südwestdeutschland maßgeblich beeinflußte. Die Vorarlberger Baumeister schufen Kirchen, denen eine charakteristische Auffassung von Form und Schönheit zugrunde liegt. Dieser Gestaltungstypus wird Wandpfeilerbauweise genannt. Der Ausdruck bezieht sich auf die bereits erwähnten, markant verwendeten Wandpfeiler, die den saalartigen, von einem Querschiff rechtwinklig durchschnittenen Raum bestimmen. Doch im Kern sind nicht diese Pfeiler allein das Spezifikum des Vorarlberger Gestaltungsschemas, vielmehr der durch sie mitbestimmte Wechsel von festem Gerippe und lichtgefüllten Fensteröffnungen, eine Mischung von gemauertem Raumkörper und körperloser Raumahnung. „Das Raumbild", so der Kunsthistoriker Erich Hubala, „ist ruhig, ernst und doch leise belebt, denn die Lichtsituation wird nicht als „Beleuchtung" empfunden, sondern als stille, gleichsam nachmittägliche Helligkeit, welche undramatisch bleibt." In Obermarchtal wurde diese Bauweise musterhaft realisiert, weswegen die Kirche als „Prototyp" des Vorarlberger Bauschemas gilt.

Den Vorarlberger Baukünstlern gelang es, den bis dahin dominierenden italienischen Architekten einen Barock deutscher Prägung entgegenzusetzen. Thumb – und nach seinem Tod die ihm nachfolgenden Christian Thumb und Franz Beer – arbeitete obendrein mit Stukkateuren aus dem oberbayerischen Wessobrunn zusammen – eine Kooperation, die nicht nur für Obermarchtal, sondern für die Barockarchitektur ganz Oberschwabens stilbildend war. In Obermarchtal leitete der aus einer ver-

IN OBERMARCHTAL FINDET MAN DEN IDEALTYPUS DES VORARLBERGER BAUSCHEMAS

zweigten Künstlerfamilie stammende Johann Schmuzer (1642–1701) die Stuckarbeiten.

Eine besondere Prägung erfährt die Konventskirche St. Peter und Paul durch den riesigen Hochaltar, der, unter eine offene Muschel geschmiegt, als warmer braungoldener Kontrapunkt zum kühl-weißen Stuckwerk fungiert. Vor seinen an St. Peter in Rom erinnernden vier Säulen stehen überlebensgroß die Ordenspatrone Augustinus und Norbert. Ihr Blick kreuzt sich im Hochaltarblatt, einem bemerkenswerten Einzelwerk des sonst nicht eben häufig anzutreffenden Memminger Malers Johann Heiß (1640–1704).

Das Altargemälde weist einen eigenwilligen dreistufigen Aufbau auf: Unten zeigt es das Martyrium der Kirchenpatrone Petrus und Paulus, in der Mitte den im Barock beliebten heiligen Josef im Kreise weiterer Patrone, und in der Wölbung thront die Muttergottes mit den auferstandenen Kirchenpatronen im einzig durch Lichtflächen angezeigten Himmel.

Lange möchte man bei den höchst unterschiedlich gestalteten Altären der Seitenkapellen verweilen: etwa beim Altar des als schnurrbärtiger Ritter dargestellten heiligen Pius oder vor der Kapelle mit dem Sarkophag des heiligen Märtyrers Tiberius, dessen glaubensfeste Tapferkeit kleine Schilde mit geschnitzten Szenen aus seinem Leben und Leiden dokumentieren. Intensive Betrachtung der Details dürfte übrigens samt einem Besuch in den ebenfalls geschnitzten Beichtstühlen durchaus in der Absicht der Bauherren gelegen haben. Die Prämonstratenser waren ja ein ausgesprochen pastoral ausgerichteter Zusammenschluß von Klerikern, die größten Wert auf die Seelsorge in den zum Stift gehörenden Pfarreien und auf eine feierliche Liturgie im Stift selbst legten.

KANZEL IN OBERMARCHTAL

Ihre Schwerpunkte bildeten die barocke Predigt und die glanzvolle musikalische Umrahmung der Gottesdienste. Gerade von Obermarchtal gibt es dazu beredte Zeugnisse: Da ist zum Beispiel Sebastian Sailer (1714–1777). Als Prediger wurde er weit bekannt. Er verwendete die heute wieder geschätzte Mundart auf der Kanzel wie für Theaterstücke. Es verwundert nicht, daß er mit der Begrüßung beauftragt wurde, als 1770 die österreichische Erzherzogin Marie Antoinette von Frankreich auf ihrem Brautzug nach Paris Station in Obermarchtal machte. Zu ihrer Ehre ließ der verseschmiedende Pater den Bauernchor unter anderem singen: *So vil im Allgoy send Gaul auferzoga, so vil de schwäbische Baura haud gloga, so vil dui Frau do verleaba soll Johr! Holl eis dr Tuifel, wenn dees it isch wohr!*

Bekannt wurde Sailer vor allem mit seiner „Schwäbischen Schöpfung", einem deftigen Mundartstück über die ersten Tage der Menschheit, in

dem, da es im Schwabenland angesiedelt ist, nicht nur Adam und Eva, sondern auch Gottvater breitestes Schwäbisch sprechen. Mit Sebastian-Sailer-Tagen halten seit einigen Jahren engagierte Künstler in Zusammenarbeit mit der in Obermarchtal beheimateten Kirchlichen Akademie für Lehrerfortbildung das Andenken an diesen großen Sohn Oberschwabens lebendig. Zu Obermarchtal gehörte auch eine hohe Musikkultur, wovon viele Zeitgenossen berichten. Freilich schafften dies die Mönche nicht nur per Weiterbildung. Vorher schon suchte man sich unter den Konventskandidaten jene aus, die musikalische Fähigkeiten erkennen ließen oder eine fortgeschrittene Ausbildung aufwiesen. Sicher war dies der Fall bei Joseph Sigmund Eugen Bachmann aus Kettershausen nahe Babenhausen in Schwaben, dessen Begabung der Graf Fugger erkannte und förderte. So kam es am 6. November 1766 im Wallfahrtsort Biberbach zum Wettspiel zwischen dem zehnjährigen Wolfgang Amadeus Mozart und dem zwölfjährigen Bachmann. Nach zeitgenössischen Berichten habe das Ganze „für beide sehr ruhmvoll geendet". Bachmann legte 1773 in Obermarchtal die Profeß ab und blieb der Nachwelt unter dem Ordensnamen Sixtus außer in einigen Musikstücken auch als Herausgeber der Schriften Sebastian Sailers in Erinnerung.

Die Säkularisation hat auch diese Seite der Klosterkultur jäh zum Verstummen gebracht. Doch wenn wir uns heute beim Besuch der aufwendig renovierten Klosterkirche etwas Muße gönnen, dann beginnt der mächtige Bau wie von selbst von einstiger barocker Herrlichkeit zu erzählen und zu jubilieren.

CHORGESTÜHL
OBERMARCHTAL

DIE KLOSTER-
ANLAGE
ZWIEFALTEN

STATION 3
Zwiefalten
Grandioser Gipfelpunkt drunten im Tal

Eine Ausnahmeerscheinung ist das Benediktinerkloster tief unten am Fuße der Alb: Denn in der Regel suchten sich die Mönche des ältesten westlichen Ordens nach dem Vorbild von Monte Cassino Standorte auf dem Berg. Auch die beiden Stifter Kuno und Luithold, Grafen von der Achalm, hatten dies im Sinne. Doch das Gelände bei Altenburg am Neckar in der Umgebung von Reutlingen erwies sich als ungeeignet, und so zog man im Jahre 1089 weiter auf ein den Brüdern gehöriges Gebiet am Zusammenfluß der beiden Achbäche am Südhang der Alb.

Noch in anderer Hinsicht ist Zwiefalten herausragend: Seit der Besiedelung mit zwölf Mönchen und fünf Laienbrüdern aus der bedeutenden Schwarzwaldabtei Hirsau blieb der Geist der von Cluny in Frankreich ausgehenden Reform des Benediktinerordens bis zur gewaltsamen Aufhebung des Konvents 1803 ununterbrochen lebendig. Die erste Klosterkirche soll von dem berühmten Abt Wilhelm von Hirsau selbst entworfen worden sein. Sie wurde 1109 geweiht. Als die Schirmherrschaft nach den Grafen von Achalm über Welfen, Staufer und Habsburger an die Herren von Württemberg ging, drohte mehrfach die Aufhebung. Um dem ständigen Druck zu entgehen, kaufte sich der Konvent 1750 frei und erwarb die Reichsunmittelbarkeit. Das bedeutete auch einen finanziellen Kraftakt, denn nachdem bereits 1669 mit dem Neubau der Konventsgebäude begonnen worden war, wurde 1739 der Neubau der Klosterkirche in Angriff genommen. Ausschlaggebend war, daß die alte romanische Kirche die Wallfahrer zum Gnadenbild der Muttergottes nicht mehr fassen konnte.

Heute eröffnet sich dem Besucher ein grandioser Anblick, wenn er das Klostertor an der vielbefahrenen B 312 Riedlingen–Reutlingen passiert: Umrahmt von der niedrigeren Konventsanlage des 17. Jahrhunderts ragt über dem quellklaren nördlichen Acharm – der aus der nahen Wimsener Höhle kommt – die gewaltige Natursteinfassade des Münsters auf, die von den hohen Doppeltürmen ostwärts am Chor überragt wird.

Über hoher Sockelzone baut sich eine korinthische Kolossalordnung auf mit je einem pilastergerahmten Fenster an der Front der Seitenschiffe und dem von einem Doppelsäulenpaar umrahmten Hauptportal unter dem großen Westfenster des Mittelschiffs. Eigentümlich wirken die konvexe Vorwölbung dieses Mittelteiles der Fassade und die kraftvolle Zusammenfassung der drei Joche mit je drei Kapitellen beiderseits des Mittelfensters im steinernen Balken auf der Höhe des Dachansatzes sowie deren Überhöhung in einem gesprengten Dreieck. Dieses dient als Standfläche für die Großplastiken der beiden Klosterstifter, während die Dreiecksspitze auf die übergroße Figur der Muttergottes in der Nische des hochgeschwungenen Giebels zeigt. Am Giebelrand ragen die Figuren der heiligen Stephanus und Aurelius in den Himmel, deren Reliquien der Bau bewahrt. Urheber dieser an Kraft und Raumwirkung kaum überbietbaren Architektur war der Baumeister Johann Michael Fischer (1692–1766) aus München, den der Abt 1741 zum Bau hinzuzog.

Das an der Fassade angeschlagene Thema wird im Inneren weiterentwickelt. Als nächste Besonderheit empfängt uns eine wiederum auf Säulenpaaren ruhende Vorhalle, die in ihrer Großzügigkeit und Eleganz an den Gartensaal eines Barockschlosses erinnert. Die Freskierung freilich knüpft mit der Thematik der Bestrafung der gottlosen Königin Athalia und des Tempelschänders Heliodor recht deutlich an die Absichten an, die das protestantische Haus Württemberg betreffs Aufhebung und Einverleibung des „Gottshus" hegte. Zur Bauzeit aber wehrt solchen Kräften noch das katholische Kaiserhaus Habsburg, dem Zwiefalten seit 1750 einzig untertan war. Und wie entfaltet es sich, unter diesem Schirm, sichtbar beim Blick aus der Vorhalle durchs geschmiedete Gitter ins Kirchenschiff! Vier Joche eines von Marmor-Doppelsäulen gebildeten Langhauses erwecken mit den vorspringenden Emporen und den vergoldeten korinthischen Kapitellen eher den Eindruck eines Thronsaals als den einer Kirche. Und das Säulenmotiv steigert sich noch in der Vierung, die mit je vier Säulen an einer Eckrundung ebenso wie das Schiff auf zusammen 16 Säulen ruht. Es findet seine Fortsetzung im gegenüber dem Schiff gleich großen Konventsteil, denn der Chor mißt zusammen mit dem Altarraum dreißig Meter Länge – wie der Bauteil für die Laien.

Freilich erschließt sich die Botschaft jenes prachtvollen Elements der Statik einem heutigen Besucher erst dann, wenn er die zweifache Symbolik kennt, die ihm in der Bauzeit innewohnte: Erstens ist die Säule das Zeichen für die christliche Tugend der Starkmut und Beständigkeit. Hat diese Symbolik bereits für Zwiefalten aus seiner speziellen Geschichte eine

PERSONIFIKATION DER LIEBE AN DER KANZEL IN ZWIEFALTEN

EIN WINTER-IDYLL BEI ZWIEFALTEN

besondere Bedeutung, so gilt das noch mehr für eine zweite Sinngebung: Die Säule ist ein Zeichen kaiserlicher Macht und Ausdruck der unmittelbaren Zugehörigkeit zum Heiligen Römischen Reich. Nirgendwo in den von Johann Michael Fischer erbauten 23 Klöstern und 32 Kirchen ist dies deutlicher als in Zwiefalten, wo der Erwerb des Unabhängigkeit garantierenden Rechtsstandes während des Kirchenbaus kurz bevorstand. Wesentlich tiefer noch in die Welt der Religiosität als diese Besonderheiten der Architektur führt uns die Betrachtung der Ausstattung: Malerei, Stuck und Plastik, die hier einen in Südwestdeutschland unüberbietbaren Gipfel erreichen. Zwiefalten ist die Ausstattungskirche schlechthin!
Das beginnt mit dem Fresko in der längsovalen Kuppel des Altarraumes, in der der uns bereits bekannte Maler Franz Joseph Spiegler darstellt, wie Maria dem heiligen Bonitus zum Gottesdienst fehlende Meßgewänder zusendet. Im mit 230 Quadratmetern mehr als doppelt so großen Chorfresko, das an seinen Rändern schier untrennbar mit dem Rocaillestuck des kongenialen Johann Michael Feuchtmaier d. J. (1696–1772) verzahnt

ist, erblicken wir das Martyrium des heiligen Placidus und seiner Gefährten – samt den in ihrem Chorgestühl zuschauenden Zwiefaltener Mönchen!

Die große Kuppel über der Vierung zeigt die Krönung Mariens im Umkreis von 200 lebensgroß und lebendig gemalten Heiligen sowie antiken und alttestamentarischen Vorgängern des Glaubens. Von dem etwa 250 Quadratmeter messenden Fresko konnte bei der Restaurierung der 1970er Jahre herausgefunden werden, daß der 58jährige Spiegler in 49 Tagewerken – das heißt also im Schnitt täglich über 5 Quadratmeter – freihändig auf schwankendem Gerüst in gut 25 Meter Höhe auf den frischen Putz gemalt hat. Eine Leistung, die jene von Vater und Sohn Tiepolo in Würzburg noch übertrifft! Als 60jähriger steigerte sich Spiegler in der zu einer einzigen Fläche zusammengefaßten Decke des Langhauses mit einem exklusiv für Zwiefalten entwickelten Thema, nämlich der „Verehrung der seligen Jungfrau Maria, welche durch unseren Orden über den ganzen Erdkreis verbreitet wird". Es imponiert gleichermaßen in Aufbau, Maltechnik und Größe. Noch tiefsinniger ist das 1753 vollendete Hochaltarblatt, dessen Thema „Ratschluß der Erlösung" erst jüngst wieder erkannt wurde. Man beachte, daß das Blau vom Mantel Mariens in der Farbgebung des phantastischen Tabernakels wiederkehrt: Maria ist ja das Gezelt Gottes auf Erden, denn so, wie Maria den historischen Heiland umhüllt, umschließt der Tabernakel den eucharistischen Heiland. Dasselbe Niveau finden wir in der üppigen figürlichen Ausstattung des Johann Joseph Christian (1706–1777). Exemplarisch dafür stehen die Kanzel und die ihr gegenübergestellte Figur des Propheten Ezechiel. Man findet hier wahrlich den Gipfel der deutschen Kunst zur Mitte des 18. Jahrhunderts. In den später ausgestatteten Seitenschiffen wird dieser nicht mehr erreicht.

STATION 4
Bad Saulgau und Kloster Sießen
*Vorderösterreich
und Hummel-Kinder*

Bad Saulgau

Im Anschluß an zwei Reichsabteien besuchen wir im heutigen Bad Saulgau wieder ehemals landständigen Boden, und zwar solchen des Landesherrn mit dem größten Anteil am alten Oberschwaben, des Hauses Habsburg. Die Stadt Saulgau bildete nämlich zusammen mit Waldsee, Mengen, Riedlingen und Munderkingen den Bund der fünf Donaustädte. Ihm war noch Ehingen als sogenannte Direktorialstadt zuzurechnen. Obwohl ihnen allen der Sprung in die Selbstherrschaft als freie Reichsstädte nicht gelungen war, wußten sie sich mit ihrem Bündnis doch besonders während der langen Verpfändung an die Truchsessen von Waldburg ihrer Haut zu wehren. 1680 gelang es der Stadt Saulgau sogar, sich selbst aus dieser ungeliebten Abhängigkeit an Österreich zurückzukaufen. Vertreter der steuerzahlenden Bürger konnten bei den vorderösterreichischen Landtagen in Ehingen nun wieder über die Verwendung ihrer Gelder mitbestimmen! Ein derart gewachsenes bürgerliches Selbstbewußtsein zeigt sich spürbar im erhaltenen Stadtbild mit der gotischen Stadtkirche St. Johann Baptist und ihrer den „Bürgerschwatz" begünstigenden, von Bauplastik reich geschmückten Vorhalle, vor allem aber auch mit den stufenweise überkragenden Bürgerhäusern im Schmuck ihres Sichtfachwerks.

Ein barock gefaßtes, ursprünglich spätgotisches Juwel präsentiert sich dagegen in der südlich der Altstadt gelegenen Kreuzkapelle. Sie enthält mit ihrem „Saulgauer Kruzifixus" ein eindrucksvolles Kleinod aus der Mitte des 13. Jahrhunderts. Ein halbes Jahrtausend später wurde die Erlöserfigur in einen kleinen Hochaltar eingebaut und mit Statuen von Maria und Johannes zur Deesis-Gruppe erweitert. Holztüren beiderseits des Altartisches ergänzen das Ensemble nach Art einer orthodoxen Ikonostase. Ausgesprochen spannend zu verfolgen ist die Geschichte, die an den marmorierten Holztüren in mehreren aufgemalten Bildern und heute noch gut lesbarer Beschriftung berichtet wird: Wie schwedische Soldaten während

DIE
KLOSTERANLAGE
SIESSEN

des Dreißigjährigen Krieges neben der Stadt auch die Kapelle plündern wollten, das Kultbild aber nicht zerstören konnten, sondern selbst dabei auf unerklärliche Weise den versuchten Frevel am Kreuz mit dem Leben bezahlen mußten. Und wie Saulgauer Bürger dann in ihrem bestätigten Glauben ihre Kreuzkapelle wiederherstellten. Wenn der Besuch in den Nachmittag fällt und die Sonne einzelne der gemalten Szenen leuchtend herausgreift, dann kann der Besucher auch heute noch den starken Eindruck eines historisch tradierten heiligen Ortes mitnehmen.

Kloster Sießen

Dies wäre eine ideale innere Voraussetzung, um sich dem Zentrum dieser Station an der Barockstraße, nämlich den Franziskanerinnen von Sießen zuzuwenden. Das Richtung Ostrach von einer Bergkuppe weit über das Land schauende Kloster hat eine starke Ausstrahlung gerade auch auf junge Leute. Das von Tausenden besuchte Franziskusfest stellt dies alljährlich wieder unter Beweis. Doch Besinnungstage, Auszeiten, Tage der Stille und andere Angebote von „Kloster auf Zeit" werden das ganze Jahr über gern angenommen.

Entstanden ist Sießen 1259, als die Ritter von Strahlegg ihren dortigen Hof den Saulgauer Dominikanerinnen schenkten. Dort hinaufgezogen, konnte der Konvent seine eigene Grundherrschaft aufbauen, freilich stets im landständigen Rahmen der Grafschaft Friedberg verbleibend.

Nach Beschädigungen im Dreißigjährigen Krieg und später durch einen Brand wurden ab 1716 die Konventsgebäude als vier Flügel um den Kreuzgarten herum völlig neu errichtet. Die frühere Zuschreibung der einfachen, aber vornehm nur durch Eckrisalite gegliederten Anlage an die bekannten Bregenzerwälder Baumeister Franz I. Beer und Christian Thumb kann nach heutiger Quellenlage nur für ersteren aufrecht erhalten werden. Dagegen ist bekannt, wie ein noch berühmterer Barockkünstler hierher und so zu berühmten Folgeaufträgen in Oberschwaben kam: Seit 1719 taucht ein Dominikus Zimmermann aus Landsberg am Lech in Rechnungen über die Innenausstattung auf. Stilistisch eindeutig zuzuschreiben ist ihm die Stuckierung des Sommerrefektoriums. Nach dem Tod Beers 1722 muß er die Priorin von seinen Qualitäten überzeugt haben, denn 1725 wird der Hauptvertrag über den Kirchbau mit ihm geschlossen. Darin ist neben der Entlohnung aller Beteiligten auch deren Verpflegung geregelt. Neben dem Baumeister durften auch sein „Ballier" (Parlier) und jener der Stukkateure an der Tafel der geistlichen Personen Platz nehmen. Ebensowenig ist das Futter für des Baumeisters Pferd vergessen.

Während der Kirchengrundriß durch Ortslage und Finanzmittel weitgehend festgelegt war, gelang es dem in Gaispoint bei Wessobrunn geborenen Zimmermann, das aufgehende Mauerwerk deutlich in seiner persönlichen Handschrift zu gestalten. Bereits von außen zu erkennen sind die für ihn so typischen extrem schlanken Doppelpilaster mit ihren flächig dekorierten Kapitellen. Hinzu treten die bei jedem Bauwerk variierten Fenster: Hier sind es über extrem schmalen Rundbögen als Oberfenster abwechselnd Lyraformen mit zwei zarten Stegen und Kelchformen mit einem Dreipaß in der Oberkante. Dazu kommt der an das nördliche Portal anschließend und auf das Kirchendach gesetzte Turm. Sein Gesamtbild ist freilich heute dadurch erheblich gestört, daß im 19. Jahrhundert eine hochgewölbte Haube mit Spitze und Turmkreuz durch ein allenfalls klassizistisch wirkendes flaches Dach ersetzt wurde. Betritt man nun die seit der jüngsten Renovation wieder wie ursprünglich hell und leicht wir-

JESUS MIT MARTHA UND MARIA.
FRESKO VON JOHANN L. ZIMMERMANN

EIN TYPISCHER FENSTERDURCHBRUCH DES DOMINIKUS ZIMMERMANN

kende Kirche, so sind leicht weitere Merkmale von Zimmermanns Handschrift zu erkennen, besonders in der Wandgestaltung, bei der durch einen winzigen Spalt die das Dach über Gurtbogen tragenden Doppelpfeiler optisch frei vor der Außenhaut zu stehen scheinen. Diese ist damit sozusagen zur Zeichenfläche für freizügige Fensterumrisse umgeformt. So entsteht auch in Sießen bereits ein erster Eindruck von Zweischaligkeit, in der sozusagen der Entwicklungsraum für die späteren Umgänge in Steinhausen rudimentär angelegt erscheint. Über den Doppelpfeilern erwächst nun ein breites Gebälk, das sich in jedem Raumjoch einmal zu Doppelvoluten aufrollt und zusammen mit den Fensterfeldern Raum für flächige Rosettendekorationen bietet. Dasselbe gilt auch für ein weiteres Kennzeichen Zimmermanns: besonders tiefe Wanddurchbrüche für Oberfenster wie hier beiderseits des Hochaltars. Sie lassen die durchschnittene Wandschale geradezu ausgehöhlt erscheinen und werden durch hell und dunkel variierende Fassungen des Stuckdekors in ihrem Erscheinungsbild betont. Ergänzt werden diese typischen Stilelemente noch durch eine schwungvolle und kräftig ausgebildete Emporenanlage mit hochdekorativem und filigranem Sichtgitter, von dem man in trefflich-barocker Weise wie bei edlen Spitzengeweben durchaus annehmen darf, daß sie die dahinter Befindlichen dem Kirchenvolk unten eher vornehm präsentiert als verbirgt. Recht am Platze ist diese Emporenanlage hier in einer Konventskirche nun allemal mehr als etwa in dem ausschließlich als Wallfahrtskirche konzipierten Steinhausen. Allein schon solcher Stilvergleiche wegen wäre ein Besuch mit Muse hier in Sießen ausreichend begründet. Doch auch die weitere Kirchenausstattung spricht für sich.

Schließlich gibt es nur wenige Bauten, bei denen die kongenialen Brüder Johann Baptist und Dominikus den Gesamteindruck eines Raumes gemeinsam bestimmen konnten. Nachdem die Maurer- und Stuckarbeiten vom jüngeren Bruder bis 1728 abgeschlossen waren, versah der ältere Johann Baptist im Folgejahr 1729 die Kirche mit seinen Fresken. Das ist allein schon deshalb bemerkenswert, weil dieser inzwischen kurfürstlich-bayerischer Hofstukkateur geworden war und von daher nur noch selten zum Malen kam. Doch auch die Komposition der Bildinhalte, die Ikonologie des Freskenzyklus ist etwas Besonderes. Es finden sich nämlich keineswegs nur die üblichen Barockthemen an der Sießener Decke, sondern in ihrem Rückgriff auf spezielle Ordenstraditionen ausgesprochene Unikate. So wechseln in den insgesamt vier Flachkuppeln für das spirituelle Leben der Dominikanerinnen ergiebige Szenen aus dem Neuen Testament mit solchen aus der Ordensgeschichte ab. Der Zyklus beginnt über der Empore mit einer Darstellung von Weihnachten. In dem Lämmchen, das die Hirten mit zusammengebundenen Beinen als Gabe zur Anbetung mitbringen, ist bereits eine Anspielung auf die zukünftige Aufgabe des Jesusknaben als Opferlamm zu sehen – und ein erster Hinweis auf dessen bis heute fortdauernde Heilswirkung in der Eucharistie. Die Thematik des im Alten Testament etwa in den Schaubroten des Tempels schon vorgebildeten Altarsakraments wird in den vier rund um die Kuppelbilder befindlichen kleinen Zwickelbildern biblisch und symbolisch vertieft. Die am seltensten zu sehende Darstellung findet sich in der folgenden zweiten Kuppel über dem Haupteingang der Kirche. Im Hauptbild wird gezeigt, wie die heilige Katharina von Siena als Stärkung in ihrem aufopferungsvollen Leben von Engeln die Kommunion empfängt. Dazu erscheint im südöstlichen Zwickelbild der gekreuzigte Jesus vor einem fruchttragenden Weinstock. Das ungewohnte Motiv könnte auf eine Vision des Dominikaners Heinrich Seuse zurückgehen. Sießen befindet sich ja gerade in der Mitte zwischen Seuses Wirkungsstätten Konstanz und Ulm. Im nächsten Raumjoch schließt sich der Besuch Jesu bei Maria und Martha an. Nach den Worten Jesu in Lk 10,40–42 hat Maria im betrachtenden Hören auf sein Wort „den besseren Teil erwählt" gegenüber Martha mit ihrer häuslichen Arbeit. Eine große Hilfe für die Kontemplation stellte ganz besonders zu Zeiten, als viele Menschen nicht lesen konnten, das individuelle oder gemeinsame Beten des Rosenkranzes dar. Gerade der Dominikanerorden war an seiner Verbreitung beteiligt. So erstaunt es nicht, daß wir im Fresko der Vierungskuppel das im Barock weit verbreitete Thema der Rosenkranzverleihung finden: Dominikus erhält die Gebetskette aus den Händen der Madonna und des Jesuskindes und reicht sie gleich an die Welt in Gestalt der damals bekannten vier Erdteile weiter. Das Deckenfresko im engeren Chorraum zeigt den heiligen Markus als Kirchenpatron mit seinem Attribut, dem Löwen. Dieser hält in seiner Pranke das Wappen des Klosterstifters, des Ritters Steinmar von Strahlegg. Ihn selbst kann man auf dem schon 1684 für die Vorgängerkirche von Matthias Zehender aus Mergentheim geschaffenen Hochaltarbild sehen. Er erhält soeben aus der Hand des Jesuskindes einen korallenroten Rosenkranz, wie ihn sein Gegenüber, der heilige Dominkus, aus der Hand Mariens erhält. Schließlich erscheint zwischen den beiden Hauptfiguren als tiefer Landschaftsblick die mittelalterliche Klosterstiftung vor dem prägnant sich am Abendhimmel abzeichnenden heiligen Berg Oberschwabens, dem Bussen.

Das reizvolle Altarblatt wurde vom Spiegler-Schüler Johann Georg Messmer für den erst 1762 errichteten Hochaltar oben um eine Himmelsszene mit Engeln und Sternbildern vergrößert. Von ihm stammt auch das Oberbild des linken Seitenaltares mit der Verehrung des heiligen Dominikus; das des rechten geht bereits auf Zehender und die alte Kirche zurück und zeigt den an Geistesgaben überragenden Dominikaner Thomas von Aquin zusammen mit dem heiligen Augustinus, nach dessen Regel die Dominikaner leben.

Der Hochaltar als Ganzes ist nach seiner Zerstörung im barockfeindlichen 19. Jahrhundert bei der letzten Kirchenrenovierung neu erstanden. Verwendet wurden dabei die erhalten gebliebenen Engelsfiguren vom Vorgänger, die der aus Altdorf bei Weingarten stammende Bildhauer Fidel Sporer geschaffen hat: Der Gesichtsausdruck des Sießener Engels ist dem des berühmten Trageengels verwandt, der die gewaltige Kanzel der dortigen Basilika in seinen Armen hält.

Hat sich der Reisende hier in Sießen auf der Nebenroute der Barockstraße zur Genüge am Gesamtwerk vor allem der Zimmermannbrüder erfreut, so sollte er den stimmungsvollen Ort doch nicht verlassen, ohne noch einen Blick in den „Hummelsaal" zu werfen. Die Kinderbilder der schon mit 37 Jahren verstorbenen Sießener Konventualin sind weltberühmt geworden. Der Besuch zeigt, daß Schwester Innocentia (1909–1946) gerade in der Zeit des Dritten Reiches auch sehr ernsthafte religiöse Kunst zu schaffen in der Lage war. Ihre Botschaft ist sicher richtig angekommen, wenn der Barockreisende das heutige Franzikanerinnenkloster so wohlgemut verläßt wie der kleine Wandersmann mit Stock und Hut und einem Lied auf den Lippen auf einem der bekanntesten Hummel-Bilder!

STATION 5
Bad Schussenried
Der Sitz der Weisheit

Schussenried liegt dicht an der europäischen Wasserscheide zwischen Rhein und Donau in geologisch hochinteressantem und für diese Wissenschaft unglaublich jungem Gebiet. Doch für unsere Betrachtungen des Barockzeitalters und vor allem der Barockkunst können wir auf Ausflüge in die Erdgeschichte verzichten. Unsere Aufmerksamkeit konzentriert sich zunächst auf das Jahr 1183. Damals nämlich begann die Geschichte von Ort und Kloster Schussenried auf eine für das Mittelalter kennzeichnende Weise.

Die beiden Adeligen Beringer und Conrad übergaben ihre väterliche Wasserburg einem aus Weißenau berufenen Konvent von zwölf Prämonstratensern – und traten selbst darin ein. Neben weiteren Gütern in der Nachbarschaft brachten die zwei aus ihrer Familie auch den stehenden Löwen und die Krone als Klosterwappen ein. Die Motive sind auf den Sandsteingrabplatten des Beringer und des ersten Propstes im Mittelgang der Kirche zu sehen. Die Grabplatten blieben aus der romanischen Pfeilerbasilika jener Zeit erhalten.

DER BIBLIOTHEKS-
SAAL IN BAD
SCHUSSENRIED

FOLGENDE SEITEN
DIE PUTTI VER-
KÖRPERN IRR-
LEHREN: ARIANER
UND NESTORIANER

DER KIRCHEN-
LEHRER JOHANNES
CHRYSOSTOMUS

Dieser einfache Kirchenraum wurde in der Spätgotik durch einen kleinen Vorbau im Westen und einen verlängerten Mönchschor vergrößert. Im Dreißigjährigen Krieg litt das Kloster sehr. Die durch die Schweden verheerten Konventsgebäude mußten vom Vorarlberger Michael Beer I. Ende des 17. Jahrhunderts neu errichtet werden. Zwar gab es verschiedene Pläne auch für einen Neubau der Kirche, doch wegen einiger weiterer Kriege in der Folgezeit und der schwäbischen Sparsamkeit des Konvents blieb es bei der zeitgemäßen Umgestaltung einzelner Bauteile.

Der heutige Besucher betritt also eine im Kern immer noch romanische dreischiffige Basilika. Ab 1744 wurden die spätgotischen Gurtbögen und Gewölberippen durch barocke Arkaden mit halbplastischen Apostelfiguren zwischen den stuckgefaßten Pfeilern ersetzt, über denen jetzt ovale Oberfenster viel Licht in den neu interpretierten Kirchenraum lassen. Der unter anderem vom Gartensaal des Würzburger Schlosses be-

kannte Johannes Zick (1702–1762) aus Memmingen gestaltete die nur noch durch Fensternischen gegliederte, durchgängige Deckenwölbung des Langhauses mit einem in seiner perspektivischen Scheinarchitektur kaum zu überbietenden Fresko.

Die Glanzstücke der barocken Ausstattung freilich konzentrieren sich in Richtung auf den von hohen Rundbogenfenstern erhellten Chor: Das bewundernswerte Chorgestühl von Georg Anton Machein (1685–1739) aus Überlingen führt in holzdunkler Farbe zum blauen Hochaltar. Dessen stattliches Ölbild aus der Hand des Münchner Hofmalers Johann Caspar Sing (1651–1729) zeigt in vornehm-akademischer Manier die Krönung Mariens im Himmel, wobei ihre kühlen Farben effektvoll mit der ins Gegenlicht gestellten vergoldeten Figur des Kirchenpatrons St. Magnus kontrastieren. Sehr reizvoll auch die Spannung zu den warmtonigen Bildern der Immaculata und des heiligen Joseph in den ans Chorgestühl anschließenden beiden Choraltären von Franz Joseph Spiegler.

Besonders reizvoll für Kunstliebhaber ist der Blick vom Langhaus zum Chor, wenn man in einer Folge von Hoch- und Choraltären die Arbeit des Meisters Sing und seines begabtesten Schülers Spiegler sehen und vergleichen kann – und damit zwanzig Jahre Stilentwicklung zwischen 1717 und 1737. Auch eine intensivere Betrachtung der liebevoll ausgearbeiteten Schnitzfiguren am dazwischenliegenden Chorgestühl wäre lohnend – sofern die Alarmanlage vom freundlichen Mesner ausgeschaltet ist – und wir nicht zur wohl bekanntesten Sehenswürdigkeit am Ort weiterdrängten: zum Bibliothekssaal! Davor lohnt noch ein Abstecher ins 1983 eröffnete, vom Kircheninneren zu erreichenden Klostermuseum.

Die Entstehung des Bibliothekssaales führt in der Ausstattung in das Jahr 1756 zurück, das Geburtsjahr Mozarts und den Beginn des Siebenjährigen Krieges. Als 1763 Frieden geschlossen wird, ist auch die Bibliothek vollendet – ob sie deshalb wohl sieben Fensterachsen zählt?

Eher nein, denn die Siebenzahl symbolisiert hier wohl die sieben Gaben des Heiligen Geistes! Und auch ihre vom Klosterplan des Dominikus Zimmermann (1685–1766) festgelegten Maße 27 auf 13 Meter täuschen. Dank der grazilen Galerie mit ihren feingliedrigen Säulenpaaren und der phantastischen Freskolandschaft in der nur geringfügig eingetieften Decke wirkt sie weiträumiger. Der zentrale Gedanke der im einzelnen kaum auszuschöpfenden Verkörperung einer barocken Weltsicht lautet: „Sedes sapientia", was „Sitz der Weisheit" meint.

Diese Sicht wird offenkundig in der Scheitelmitte des ovalen Deckenbildes als das sich erst am Ende aller Zeiten offenbarende apokalyptische

OBEN: EIN OBER-
SCHWÄBISCHES
REETDACHHAUS BEI
SCHUSSENRIED

UNTEN: OBER-
SCHWÄBISCHE
WEIHERLANDSCHAF

Lamm. Unter ihm lesen wir: „Unde mundus judicetur", auf deutsch: „Von hier aus wird die Welt gerichtet werden."

Vorausgegangen ist dem die Menschwerdung Gottes im Leibe Mariens. Wir sehen sie im Westen des Saales dargestellt, umgeben von einer großen Zahl von bedeutenden Marienverehrern, unter denen der nahebei in Altshausen geborene Hermann der Lahme nicht fehlen darf. Gegenüber im Osten sehen wir die Erlösung am Kreuz, zur Rechten umgeben von Vertretern des Alten und zur Linken des Neuen Testaments. Im Süden aber begegnet uns, um einen Rundtempel angeordnet, der Heilige Geist mit seinen sieben in weiblichen Allegorien dargestellten Gaben. Im Norden schließlich erkennen wir als des Geistes weltliches Sinnbild den weisen König Salomon auf seinem Thron. Ihn umgeben Darstellungen der biblisch überlieferten Beweise seiner Klugheit: die Szene, in der ihm die Königin von Saba Rätsel aufgibt, und jene Episode, in der er im Fall zweier Frauen, die um die Anerkennung ihrer Mutterschaft eines Säuglings streiten, ein „salomonisches" Urteil spricht.

Im Westen wird das Salomo-Motiv zur Eigenpropaganda des Ordens erweitert. Abt Nikolaus Wierith von Obermarchtal wird am Hofe Louis XIV. als zweiter Salomo gelobt. In seiner Nähe sehen wir den Schussenrieder Prämonstratenser Kaspar Mohr als Flugpionier mit seinen Schwingen. Zwischen diesen vier Himmelsrichtungen finden sich dann die Vertreter von insgesamt acht Einzelwissenschaften angeordnet.

Die Darstellung von Künsten und Tugenden in vielerlei Variationen zieht sich verbindend vom Hauptbild zu den verschiedenen Einzelfresken an und über der Galerie bis hinein in die Gestaltung des feinen Stucks und der Plastiken. Die Abstimmung zwischen dem in Rom ausgebildeten Hofmaler Franz Georg Hermann (1692–1768) aus Kempten, dem Vorarlberger Stuckateur Johann Jakob Schwarzmann (1729–1784) und dem Weingartener Bildhauer Fidel Sporer (1731–1811) klappte ausgezeichnet. Auf letzteren gehen auch die expressiven weißen Figurengruppen vor den Balustradensäulen zurück: Je ein Kirchenlehrer als Großfigur widerlegt eine als Putto dargestellten Irrlehre.

STATION 6
Steinhausen bei Bad Schussenried
Die schönste Dorfkirche der Welt?

Ob man von Saulgau oder von Bad Schussenried her kommt, das sich eröffnende Landschaftsbild ist unvergeßlich: Die Häuser des in weiter Aue hingelagerten Örtchens werden von der Kirche in ihrer Mitte überragt. Zugegeben, der weit verbreitete Titel „schönste Dorfkirche der Welt" ist zwar werbewirksam und kokett, aber eben auch ein wenig irreführend, denn als eine solche ist sie ja nicht erbaut worden. Vielmehr steht eine Wallfahrt an ihrem Ursprung. Und die geht bis ins späte Mittelalter zurück. Schon anno 1363 hatte das Prämonstratenserkloster Schussenried von den Herren von Rammingen die Herrschaft in Steinhausen und Muttensweiler erworben und eine gemeinsame, dem Kloster inkorporierte Pfarrstelle einrichten können. Im Jahrhundert darauf kam aus dem Kloster die ungefähr einen Meter hohe Figur einer „Schmerzhaften Muttergottes" in die bescheidene Kirche. Wegen ihrer vornüber geneigten Haltung und besonders des glockenförmigen Faltenwurfs nach ist sie als eine typische Arbeit des Ulmer Stils aus dem frühen 15. Jahrhundert anzusehen. Eine schwere Plünderung von Ort und Kirche durch die Schweden im Dreißigjährigen Krieg konnten nur ein verstärktes Wiederaufblühen der früh einsetzenden Wallfahrt bewirken. Auch die Gründung einer örtlichen Rosenkranzbruderschaft förderte die Verehrung. Um bei größerem Pilgerandrang das Gnadenbild für alle sichtbar zu machen, wurde das *mirakulöse Vesperbild* auf eine Säule gehoben. Worauf die Bevölkerung nun, jeweils in den Worten der Klosterchronik, ihre Wallfahrt zur *schmerzhaften Mutter Gottes zur Saul* umso intensiver durchführte. Nachdem es unter seinem Amtsvorgänger wegen Überfüllung des Kirchleins bereits zu einem Unglück mit glimpflichem Ausgang gekommen war, entschloß sich der 1719 bis 1733 amtierende Abt Didacus Ströbele im Frühjahr 1727 zu einem Neubau.

Wer die Klosterkirchen von Buxheim oder Sießen, die Günzburger Liebfrauenkirche oder – als berühmteste – die Wieskirche aufmerksam betrachtet hat, wird trotz aller Variation und örtlichen Anpassung die persönlichen Stilmerkmale Dominikus Zimmermanns in Steinhausen nicht übersehen können. Die Priorin von Sießen überließ ihren Steinbruch trotz anderer Anfragen vorrangig den Schussenriedern für ihren Neubau zur Nutzung – und empfahl wohl dabei den Baumeister ihrer schönen neuen Kirche weiter. Im Tagebuch von Abt Didacus liest man: *Den 30. März 1727 ist H. Dominicus Zimmermann von Landsberg gebürtig ser gueter Baumaister, von Siessen zurück anhero gekommen, hat mir ein feines Rißel gebracht wegen zuekünftiger Kirchen zue Steinhausen, so mir Gott das Leben lasset.*

Im Frühjahr 1728 ließ der Abt die schon baufällige alte Kirche mitsamt umgebender Friedhofsmauer abreißen. Vorher, am Ostermontag, war das Gnadenbild vom Konvent im Anschluß an einen Abschiedsgottesdienst in feierlicher Prozession in die Schussenrieder Klosterkirche als vorläufiger Zwischenstation übertragen worden.

Eine erhebliche Kostenüberschreitung zeichnete sich schon zu Baubeginn ab. Allein, den Abt hatte der „barocke Bauwurm" erfaßt. Er kannte den einzigartigen Bauplan und konnte kaum anders als begeistert sein. Rund neun Meter hoch waren die Wände bei der gemeinsamen Baustellenbesichtigung mit Zimmermann am 18. August 1728 bereits gewachsen. 1730 war der Rohbaus fertiggestellt. Im Jahr darauf wurde bereits vom Architekten stuckiert, zusammen mit seinen größtenteils Wessobrunner Gehilfen und seinem um fünf Jahre älteren Bruder Johann Baptist. Der fing auch sogleich mit den ersten Fresken an. So konnte der glückliche Abt im November 1731 die neue Kirche vorläufig weihen und somit die Gottesdienste im kleinen Ort wieder stattfinden lassen. Der umgebende Friedhof war schon im Sommer 1728 wieder eingeweiht worden.

Noch ohne Orgel, Kanzel und Altäre erfolgte die feierliche Kirchweihe durch Weihbischof Franz Anton von Syrgenstein am 5. Mai 1733. Doch der ersehnte Festtag fand ohne Abt Didacus Ströbele statt, obwohl der Bauherr von Steinhausen durchaus noch am Leben und gesund war. Nur war er nicht mehr in Schussenried und Steinhausen, sondern weit weg: in Lothringen! Wie war er dahin gekommen?

Am 9. Dezember 1732 erschien im Kloster völlig unangemeldet und überraschend eine Kommission von drei Herren. Voran Abt Hermann Vogler von Rot an der Rot als Vertreter des Generalabtes von Prémontré für die Cikarie, das heißt die Ordensprovinz Oberschwaben. Begleitet wurde er von den beiden Äbten von Weißenau und Obermarchtal. Somit kamen also die Vorstände aller oberschwäbischen Prämonstratenserklöster zusammen – doch in welch verschiedenen Rollen! Abt Hermann als Visi-

DIE WALLFAHRTSKIRCHE STEINHAUSEN IN MALERISCHER LANDSCHAFT

tator warf seinem Kollegen Didacus zunächst zu große Nachsicht gegenüber einigen Konventualen vor. Es ging besonders um zwei Patres, die mehrfach flüchtig gewesen waren und danach als Reumütige wieder aufgenommen wurden sowie um zu großzügige Dispens vom Schweigegebot und von Fastenverpflichtungen. Das waren Dinge, die auch in anderen Konventen und zu allen Zeiten geschahen – ohne entsprechende Folgen. Hinzu kam, und damit erwiesen sich die genannten Kritikpunkte eher als Vorwand, daß dem Abt die Baukosten für Steinhausen aus dem Ruder gelaufen seien. Tatsächlich waren jene inzwischen auf über 40.000 fl aufgelaufen. Natürlich ist die Überschreitung um das Dreieinhalbfache kein Pappenstiel, doch auch dies war im Barock keine Seltenheit – bei geistlichen wie weltlichen Bauherren.

Der geschasste Abt ging über Obermarchtal und das Schwarzwaldkloster Allerheiligen nach Wadgassen in Lothringen. Als er nach 15 Jahren dort verstarb, ließ der dortige Prämonstratenserkonvent die Schussenrieder wissen: *Abt Didacus ... lebte wie ein Heiliger unter uns, und so starb er im Geruche der Heiligkeit. Seine Tugenden haben uns köstlich erbaut. Er war bescheiden, sanft, gelassen, geduldig, gottergeben. Nie hörte man eine Klage aus seinem Munde. Wenn ihm hin und wieder ein Seufzer entfuhr, so konnte man den Ausdruck „Steinhausen" vernehmen!* Laut Klosterchronik soll nach der Verle-

DAS DECKENBILD IN STEINHAUSEN

DER EINDRUCKSVOLLE ORGELPROSPEKT DER WALLFAHRTSKIRCHE

sung dieses Totenschreibens in Schussenried kein Auge trocken geblieben sein.

Eigenartig war anno 1733 schließlich auch, daß der Visitationsbericht größten Wert auf die Fertigstellung der doch eigentlich als zu teuer kritisierten Steinhauser Kirche legte. So konnte denn am 29. September 1735 die wiederum feierliche Rücküberführung des Gnadenbildes in die neue Wallfahrtskirche begangen werden.

Bei der Annäherung an die Kirche erkennt man die durch eine Mittelerhöhung mit Giebel auf beiden Seiten reizvoll gestaltete Dachlandschaft und erwartet zufolge der beiden nach Norden und Süden weisenden Quergiebel sowie der darunter verlaufenden Mauervorsprünge einen kreuzförmigen Kirchengrundriß mit dominanter Längsachse und recht breit geratenem Querschiff. Umso größer die Überraschung im relativ engen und dunkel-niedrigen Eingangsbereich im Turmjoch. Unter einer von Atlanten getragenen und mit Inschrift des Baumeisters in Stuck signierten Orgelempore hindurch blickt der Besucher in einen ganz hellen und weiten Raum, der seine Lichtquellen nicht zu erkennen gibt. Vor den vielen Fenstern stehen nämlich schlanke Pfeiler, deren rein weiße Oberflächen das eintretende Licht rundum reflektieren!

Der Raum ist ein reines Oval, in das ein zweites als Pfeilerstellung eingeschrieben ist und an dem sich im Osten ein kleines Queroval als Altarraum anschließt. Dessen Ende wird im zwischen den beiden Pfeilern gewährten Durchblick völlig vom massiven und im Kontrapunkt zum Raum dunklen Hochaltar ausgefüllt. In seiner Mitte – auf der schon in der alten Kirche unterschobenen Säule, zwischen Tabernakel und Altarbild – thront das mittelalterliche Gnadenbild: die Schmerzensmutter mit dem toten Heiland auf dem Schoß. Daß sie, kontrastierend zur allgemeinen Pracht mit herben Gesichtszügen, wie unter der Last der Ereignisse nach vorn zusammengesunken ist, spricht den mit seinen Anliegen gekommenen Pilger direkt an: Schau das kaum zu überbietende Leid jener Frau an, die einst vom himmlischen Boten als „gebenedeit unter den Frauen" und „voll der Gnade" angesprochen wurde!

Das Hochaltarbild Franz Martin Kuens über dem Gnadenbild zeigt Golgatha mit den bekannten Personen zu Füßen des Kreuzes: außer Johannes und dem römischen Dienstpersonal nur Frauen. Doch das Kreuz über ihnen ist leer! Wo der geschundene Leib des Heilands hing, zerreißt soeben ein Engel den Schuldschein der Menschheit! Während nun die Figuren im Gnadenbild wie im Altarblatt vielfarbig als Angehörige der realen Welt dargestellt sind, erscheinen seitwärts die anbetenden Engel

MARIÄ HIMMELFAHRT IM ZENTRALEN DECKENFRESKO VON J. B. ZIMMERMANN

und die Kirchenpatrone Petrus und Paulus in reinweißem Stuck mit goldenen Applikationen zwar körperlich dem Wallfahrtsbild zugeneigt, jedoch als einer anderen, jenseitigen Welt Angehörende. Wodurch wurde diese Veränderung an ihnen bewirkt? Wodurch wurde aus dem, der Jesus dreimal verleugnete, Petrus der Fels und aus dem Saulus ein Paulus? Für die Antwort muß der Blick des Betrachters nur den Altarsäulen weiter nach oben folgen. Im Oberbild sieht er nämlich, wieder in voller Farbpalette, den auferstandenen Christus himmelwärts schweben. Wo ihn im Deckenfresko der allmächtige Vater mit offenen Armen und im Kreise eines triumphalen Engelskonzertes erwartet. Der Übergang von der irdischen Sphäre in die jenseitige ist dabei wie überall in Steinhausen durch eine besonders reichhaltige und kreative Stuckzone markiert mit all ihren kunstvollen Rocaillen, Gitterwerken, Balustraden, drapierenden Engeln und Vasen und sogar einer goldquastengeschmückten Himmelspforte in Form eines Theatervorhangs. Die völlig unerwartete Auferstehung des Schmerzensmannes Jesus hat diesen totalen Wandel von tiefster Trauer zu frohlockender Herrlichkeit ermöglicht. Dies ist die Botschaft für die Besucher von Steinhausen. Auch bei ihnen wird es nicht beim irdischen Leid bleiben. Dafür steht der Name dessen, der all dies ermöglicht, in großen Goldlettern an der Brüstung des Altartisches. Direkt darüber im Tabernakel ist er selbst als eucharistischer Heiland zu unserem Unterpfand und als Stärkung auf unserem Leidensweg gegenwärtig. Um diese zentrale Botschaft in allem barocken Glanz noch zu verdeutlichen, steht über dem Tabernakel und zu Füßen des Gnadenbildes das Agnus Dei, das Lamm Gottes, wiederum als weiße Stuckfigur. Und vor diesem irdischen Wohnort des auferstandenen Herrn brennt in guter Ortstradition Tag und Nacht eine Kerze.

Erst wenn dieser tiefere spirituelle Zusammenhang vom Altarraum her erkannt ist, läßt sich der Innenraum der Wallfahrtskirche von Steinhausen als Ganzes im intendierten Sinne der Erbauer verstehen. So stehen die zehn Pfeiler des Schiffsovales für die anderen zehn Apostel. Sie sitzen auf dem weit ausladenden Gesims der Kapitelle und tragen so am Ansatz der Gurtbögen das Deckengewölbe als sichtbare Stützen der Kirche. Das Auge wird hinter und über diesen dezent farblich gefaßten Stuckfiguren weitergeführt zum besonders ideenreich gestalteten Gesimsband der ovalen Deckentonne. Die aber reißt nach schwingendem Übergang aus dem Stuck das Auge richtiggehend hinein in eine freskierte Himmelslandschaft. In ihr vollendet sich in Glanz und Herrlichkeit das Lebenslos der im Gnadenbild im Tiefpunkt ihres Lebens vorgestellten Madonna. Das groß

LÄNDLICHE IDYLLEN

räumige und strahlend hell gemalte Deckenbild des Johann Baptist Zimmermann zeigt nämlich in seiner Mitte Maria als rein weiß gekleidete Immaculata, wie sie im Kranz der Engel und ausgesuchter Heiliger in einem Lichttrichter aus goldgelben Wolken in den Himmel aufgenommen wird. Die vier damals bekannten Erdteile in ihren Halbnischen mit den personifizierten Repräsentanten werden zu Zeugen dieses Vorgangs. An den Schmalseiten der nur vordergründig folkloristisch dekorierten Kirchendecke erfolgt die theologische Erklärung. Während im Westen über Empore und Kircheneingang Adam und Eva sich ihres zauberhaften, aber leider zeitlich begrenzten Paradieses erfreuen, wird uns im Weitergehen nach Osten ein zweites, jedoch dauerhaftes Paradies gezeigt. Denn über dem Joch zwischen Schiff und Chor – im Kirchbau allgemein als Triumphbogen bezeichnet – sehen wir einen Springbrunnen sprudeln in einem spätbarocken Park. Die goldene Inschrift darunter erläutert mit einem Satz aus dem Hohen Lied: *Hortus conclusus es Dei genetrix Fons signatus* (Der verschlossene Garten und die versiegelte Quelle bist du, Gottesgebärerin). Die Parkfontäne wird so als marianisches Symbol gekennzeichnet: Die schon im Alten Testament vorhergesagte Heilsquelle wird als Jungfrau Gottesgebärerin sein! In der Umsetzung dieses großartigen heilsgeschichtlichen Programms hat der ältere Zimmermann die jüngste Entwicklungsstufe der Deckenmalerei seiner Zeit aufgegriffen. Er hat dabei Impulse des Venezianers Jacopo Amigoni umgesetzt, die jener wenige Jahre vorher bei der gemeinsamen Arbeit in der Abtei Ottobeuren erstmals nördlich der Alpen verwirklicht hatte. An der Stelle schwer wirkender gemalter Scheinarchitektur als Hintergrund der dargestellten Szenen wird hier in übernommener Untersicht ein umlaufender Erdenrand gemalt, über dem der hellblaue Himmel der Lagunenstadt mit noch helleren Wolkenzügen erstrahlt. So wird mehr noch als in den illusionistisch gemalten Zusatzgeschossen etwa der Asamschen Scheinarchitekturen die Kirchendecke in einen bei jedem Wetter hellen Heilshimmel geöffnet! Ein weiterer Ausdruck dieser die göttliche Schöpfung der Natur integrierenden und verkündigenden Kirchenkunst der beiden kongenialen Zimmermann-Brüder stellen die für Steinhausen so berühmten naturhaften Stuckapplikationen dar. Da tummeln sich an den Stuckfeldern, welche die Kirchenfenster im äußeren Schiffsoval dekorieren, in die Kirche eindringende Kreaturen aus Wald und Feld: Eichhörnchen und Grillen, Elstern und Spechte und allerlei andere Vögel und Insekten. Sie alle stimmen in das große Konzert mit ein, das die barocke Kunst der Region hier anstimmt, weil es eben beim tiefen Leid der Schmerzensmutter nicht geblieben ist. Und wer als Besucher dieses fortwährenden Himmelskonzerts die Seh-, Fühl- und Denkbewegung vom Gnadenbild ausgehend mitvollzogen hat, der kann kaum anders als mit einzustimmen und derart getröstet und erbaut aus dieser einzigartigen Wallfahrtskirche wieder herauszutreten!

STATION 7
Biberach
Bikonfessioneller Barock und Deutsche Klassik

ALTAR UND KANZEL
BIBERACH

Erstmals nach Ulm treffen wir wieder auf eine einst Freie Reichsstadt. Nach fünf Stationen im tiefsten katholischen Land kommen wir wieder in Berührung mit aufbegehrendem Bürgertum und dem Protestantismus. Tatsächlich hat es auch hier einen Bildersturm gegeben. Im Jahre 1531. Auch hier wurden in einer jähen Aufwallung extremer Bibelauslegung kostbare Werke der Gotik zerstört. Erwähnenswert ist vor allem der große Flügelaltar mit insgesamt einem Dutzend Bildern aus dem Marienleben und der Passion von Martin Schongauer. Der Verlust wiegt schwer, weil uns von dem großen Kupferstecher aus Colmar sonst nur noch ein einziges gesichertes Tafelbild erhalten ist: die dortige Maria im Rosenhag.

Allerdings: Wer die Martinskirche in Biberach betritt, wird keineswegs den Eindruck einer ausgeräumten Kirche empfangen. Anders gesagt, wer hier zur Besichtigung eintritt, wird eher zu wenig Zeit mitgebracht haben als zu viel. Und hätte er nicht darüber gelesen, er käme wohl kaum darauf, daß hier jemals ein Bildersturm stattgefunden hat. Mag sein, daß „der Sturm" hier nicht ganz so heftig ausfiel wie in der mit weit über 20.000 Einwohnern gut viermal so stark besiedelten Donaustadt. Das könnte einem in den Sinn kommen, wenn man das ausdrucksstarke Chorbogenkreuz aus der Hand eines Ulmer Schnitzers von etwa 1510 betrachtet – hier in der Biberacher St. Martinskirche. Kann es nicht als Gegenstück zu jenem gesehen werden, das – vielleicht noch zu Lebzeiten seines Ulmer Schöpfers aus dem Münster verbannt – nun das theologische Zentrum der Wiblinger St. Martinskirche ausmacht?

Eigentlich könnten dem Reisenden noch viele Parallelen zwischen den beiden Reichsstädten auffallen. Beide erblühten nach der Stauferzeit besonders infolge der Leinen- und Barchentweberei und dessen Vertrieb entlang der großen Handelswege zu freien Städten. Beide errichteten ostwärts des zentralen Marktplatzes ihr zentrales, gotisches Gotteshaus mit einem hohen Westturm über dem Eingang. Und doch ist der Gesamteindruck hier in Biberach ein vollkommen anderer: Wir stehen nämlich in einem festlichen Barockraum!

Wer das verstehen will, muß sich ein wenig der Stadtgeschichte zuwenden, um zu erfahren, daß die Biberacher sich nach einigem Auf und Ab der evangelischen und der katholischen Sache im Reich am Ende des Dreißigjährigen Krieges zu einem paritätischen Gemeinwesen entschlossen. Als genaues Datum wird das Jahr 1649 angegeben und anläßlich runder Jubiläen auch gefeiert. Parität bedeutet hier, daß alle wichtigen städtischen Funktionen „pari", also zu gleichen Teilen von jeweils beiden Konfessionen besetzt wurden. Also je ein evangelischer und ein katholischer Bürgermeister, Stadtamman, dazu je acht Räte. Aber auch Ratschreiber, Stadtarzt, Totengräber und natürlich auch Pfarrer, Mesner, Lehrer und Kirchenmusiker!

Und die eine Hauptkirche? Die hat man sich geteilt, und zwar unter dem Chorbogenkreuz. Der östliche Bereich mit Chor und Kapellenkranz sowie der Sakristei an der Ostspitze hinter dem Hochaltar verblieb den Katholiken. Die drei Kirchenschiffe westwärts des Chorbogens dagegen wurden zur evangelischen Martinskirche mit der Sakristei im südlichen Anbau, der einmal als sogenannter „Nonnenschopf" den Ordensfrauen der Stadt zum Hören der Messe gedient hatte. Dieser westliche Kirchenteil war natürlich erheblich geräumiger als der vordere und repräsentierte damit auch die ungleichen Anteile der beiden Konfessionen. In Biberach waren nämlich im wesentlichen die in den verschiedenen Zünften zusammengefaßten Handwerker protestantisch geworden, während die zahlenmäßig geringeren Patrizier, sprich Handelsherren und Grundbesitzer, mehrheitlich dem alten Glauben ergeben blieben. Historisch erklären ließe sich diese Verteilung recht überzeugend: Demnach brachten die Zünftigen von ihrer vorgeschriebenen Wanderzeit, der Walz, neben neuen technischen Ideen auch solche in Glaubensfragen mit. Die Patriziergeschlechter als Grundbesitzer nicht selten auch in meist akademischen Dienststellungen waren häufig dem dominierenden Adelshaus und dem größten Grundherrn im deutschen Südwesten verpflichtet, nämlich dem katholischen Haus Habsburg. Sehr schön läßt sich dies zeigen etwa an Dr. Hans Schad, der zur Zeit Kaiser Karls V. eine wichtige Stellung in der habsburgischen Außenpolitik einnahm und dessen Sippe als Vorgänger der Grafen von Stadion auf dem Warthauser Schloß residierten. Der Haken bei dieser Erklärung ist nur, daß sich die Konfessionsverteilung vierzig Kilometer weiter südlich in Oberschwaben umkehrte. Nämlich in Ravensburg, das neben Biberach, Dinkelsbühl und Augsburg eine der vier paritätischen Städte war, die im Reichsrecht schon seit dem Augsburger Religionsfriede von 1555 als solche festgeschrieben waren. In Ravensburg finden wir dann auch ein Beispiel für jenen zweiten lateinischen Begriff, der zum Verständnis der Biberacher Martinskirche unerläßlich erscheint – zur konfessionellen Parität tritt hier das sogenannte „Simultaneum", eine Kirche, in der gleichermaßen katholische wie evangelische Gottesdienste gefeiert werden. Was die Gesamtdauer des friedlichen Miteinanders in einer Kirche angeht, hat Biberach die Nase vorn: von 1649 bis heute. In Ravensburg dauerte es dagegen nur von 1544 bis 1810, wobei der Chor der gotischen Karmeliterkirche auch hier katholisch, die drei Kirchenschiffe dagegen evangelisch genutzt wurden. Mit dem Anfall an Württemberg wurde dann jedoch aus der Simultankirche die evangelische Stadtkirche. Man sollte sich das ruhig einmal vorstellen: Während im 17. Jahrhundert der weitaus schlimmste aller Kriege in Deutschlands Geschichte als zumindest religiös begründet geführt wurde – lebten in zwei alten Reichsstädten in Oberschwaben die Angehörigen beider Konfessionen hinter gemeinsamen Stadtmauern zusammen und teilten sich eine Kirche. Könnte nicht allein schon darin ein Grund für eine paradiesische Kulturreise nach Oberschwaben liegen?

Im weiteren Verlauf hat Biberach dann noch ein zweites Mal die Nase vorn. Als im 18. Jahrhundert das gotische Innenleben von St. Martin als abgetan und altmodisch galt, einigten sich beide Seiten auf eine gemeinsame Renovation im Sinne des Barock. Im Zeitraum von 1746–48 wurden die gotischen Achteckpfeiler der Basilika zu weißgefaßten quadratischen mit feinen Profilen und sehr dezenten Kapitellen. Die Spitzbogenfenster wurden gerundet und die Oberfenster im Chor gar zu modernen Dreipaßfenstern aufgebrochen. Während die Seitenschiffe pro Joch einzelne Deckenkuppeln erhielten, wurden im Mittelschiff und im Chor jeweils durchgängige Deckengewölbe mit abgerundeten Übergängen zum aufgehenden Mauerwerk eingebaut. Damit schuf sich der Meister der Barockisierung, Johann Zick, von Haus aus Maler, eine umfangreiche Entfaltungsmöglichkeit für seine Freskierung. Johann Zick ist lange nicht so bekannt wie sein Sohn Januarius, der uns als Freskant in Wiblingen begegnet ist. Immerhin hatte Johann in Schussenried 1744 – also kurz vor Biberach – mit der Umgestaltung der dortigen gotischen Basilika sein Können unter Beweis gestellt. Und 1750 durfte er immerhin den Gartensaal des Würzburger Schlosses mit seiner Deckenmalerei versehen, bevor ihm mit Vater und Sohn Tiepolo Maler von Weltgeltung bei der weiteren Ausmalung des Schlosses den Rang abliefen.

Besonders seit die jüngste Renovation die Martinskirche in hellem Licht erstrahlen läßt, vermögen die Fresken Johann Zicks sogar die meisten jener Besucher zu begeistern, die sich auf eine spätgotische Ausstattung eingestellt hatten. Dazu trägt neben der handwerklichen Fähigkeit des Meisters auch das Feingefühl bei, mit dem er die Themen im Kirchenraum verteilt hat.

Das Mittelschiff stellt wichtige Stationen der neutestamentlichen Heilsgeschichte dar, die für beide Konfessionen gleichermaßen bedeutsam sind – der weiterhin gemeinsame Kircheneingang verblieb ja im westlichen Turmjoch. Auf die Anbetung des menschgewordenen Sohnes Gottes durch die Hirten und die Drei Weisen folgen Beschneidung und Darstellung im Tempel. Zentral über dem Triumphbogen an der östlichen Schmalseite erscheint unter einer beeindruckenden Scheinarchitektur der zwölfjährige Jesus im Tempel, inmitten der staunenden Schriftgelehrten. An der westlichen Schmalseite folgt die Erhöhung des auferstandenen Herrn. Ihren theologischen Mittelpunkt hat das durchgehende Deckenbild in der Darstellung Gottvaters, des von Engeln umschwebten Weltenschöpfers und -herrschers. Den Abschluß findet der Freskenzyklus unter der Empore mit der Schilderung des Pfingstwunders. Ein ganz typisches Barockmotiv bildet schließlich an der Chorbogenwand mit einem gemalten und von Putti drapierten Vorhang rings um die Uhr der an seiner hochgehaltenen Sense erkennbare Chronos. Die Fresken der Eingangshalle und in den Flachkuppeln der Seitenschiffe veranschaulichen dann einzelne Verkündigungen und Wundertaten Jesu. Dabei stellen Figuren des Alten Testaments als Zwickelbilder die Erfüllung des Alten Bundes im Neuen vor Augen.

Im damals durch ein Eisengitter abgetrennten Chor aber bringt Johann Zick die unterscheidend katholischen Themen zur Darstellung. Wir sehen hier zunächst Apostel, die die Herde Christi weiden. Dahinter der seit Cesare Ripas Standartwerk „Iconolgia" in allen katholischen Barockbildern die römische Kirche repräsentierende Kuppelbau. Darüber die Frauenfigur der tiaragekrönten Ekklesia, umgeben vom Erzengel Michael und den vier Kirchenvätern Ambrosius, Augustinus, Hieronymus und Gregor. Bei der Flächenaufteilung ist es Zick gelungen, das in die Chordecke eingelassene „Heiliggeistloch" optimal über dem Ripaschen Rundbau zu plazieren. Wenn nämlich an Pfingsten die Oberministranten die Holzabdeckung öffnen und die Heiliggeisttaube langsam herablassen, können die katholischen Gläubigen sehen, über welcher Kirche der Geist Gottes schwebt ... Ein feiner konfessioneller Unterschied ist schließlich noch darin zu erkennen, daß die wirkungsvolle Einfassung des Deckenfreskos im Chor aus dezent goldgefaßten Stuckrocaillen besteht. Im Schiff dagegen besteht die Einfassung der Bemalung aus einem strenger gehaltenen Bandornament, das außerdem nur aufgemalt ist! Im optischen Mittelpunkt des Chores steht aber der reich mit Gold gefaßte Hochaltar. Er geht auf eine Stiftung des Ochsenhausener Stiftskanzlers Settelin von immerhin 4000 Gulden zurück. Daran erinnert das Familienwappen zwischen Altarblatt und der Figur des auferstandenen Heilands im oberen Altaraufsatz. Spezifisch katholisch sind schließlich die lebensgroßen Heiligenfiguren Martin, Nikolaus, Georg und Konrad sowie das Altarblatt in ihrer Mitte. Es zeigt die Himmelfahrt Mariens und wurde 1720 von Johann Georg Bergmüller gemalt, dem späteren Direktor der Augsburger Malakademie. Er war als Künstler wie als Lehrer gleichermaßen beliebt und begegnet an der Oberschwäbischen Barockstraße öfter, so gleich bei der nächsten Station als Freskant in Ochsenhausen. Doch unter den in der Biberacher Martinskirche vertretenen Künstlern sollten mindestens noch zwei Barockmaler unsere Beachtung finden. Josef Esperlin ist der Schöpfer der großen Tafelbilder, die an den Wänden des Altarraumes in einer sehr subtilen Farbskala Gottvater, Jesus Christus und Maria sowie im Hauptschiff die zwölf Apostel darstellen. Esperlin begegnete schon in Steinhausen in den beiden Seitenaltarblättern. Geboren im nahen Degernau und bei Francesco Trevisani in Italien ausgebildet, wurde er 1740 in Biberach ansässig. Nach vielen Aufträgen in Oberschwaben und Reisen, die ihn bis Paris führten, gelang es ihm, sich nach längerem Aufenthalt in Basel 1770 in Solothurn als hochgeachteter Künstler niederzulassen.

Vor dem Verlassen der Biberacher Martinskirche sollten wir noch einen Blick auf die beiden bemerkenswerten Tafelbilder an der Westwand werfen. Während es sich bei dem einen um die alte Kopie einer Kreuzabnahme von Frederico Barocci aus dem Dom von Perugia handelt, stammt die Darstellung der Heiligsten Dreifaltigkeit von einem geborenen Biberacher, Johann Heinrich Schönfeld, dessen Vita es mit der von Esperlin durchaus aufnimmt: 1609 geboren, war er bis 1630 in Deutschland auf Wanderschaft. Vor Krieg und Pest flüchtete er nach Italien, wo er in Venedig, Rom und Neapel lernte und wirkte. Nach Ende des Dreißigjährigen Krieges ließ er sich 1651 in Augsburg nieder und wurde der angesehenste deutsche Maler seiner Zeit. Damals lieferte er etwa das Hochaltarblatt für den Salzburger Dom. Kennzeichen seines persönlichen Stiles sind neben einer expressiven Hell-Dunkel-Malerei seine in die Länge gezogenen Personen.

So kann er durchaus begründet als „deutscher El Greco" bezeichnet werden. Auch ihn werden wir bereits bei der nächsten Station in Ochsenhausen wieder treffen.

Wer nun etwas Feuer gefangen hat für die vielleicht unerwartet reiche Kunstlandschaft in der alten Reichsstadt, den lädt zusätzlich zu den vielen anderen Verlockungen Biberachs das nur wenige Schritte südwärts gelegene Braith-Mali-Museum zu einem Besuch. Es ist im gotischen Komplex des einstigen Spitals untergebracht und nach zwei Biberacher Malern des 19. Jahrhunderts benannt, die in München zu hohen Ehren kamen. Neben den authentisch ausgestatteten Atelierräumen der Genannten finden sich hier hervorragende Werke von Schönfeld, Esperlin und Zick bis hin zur klassischen Moderne.

Gleich daneben steht mit der einstigen „Stadtmetzig" jenes Gebäude, in dessen Obergeschoß als Theatersaal mit dem „Sturm" zum ersten Mal in Deutschland ein Stück von Shakespeare inszeniert wurde. Ein Sgrafitto erinnert an das literaturgeschichtliche Ereignis von 1761. Die Frage, warum dies gerade in der Kleinstadt an der Riß und nicht etwa in Wien, Berlin, Mannheim oder Weimar stattfand, ist verhältnismäßig einfach zu beantworten. Zum einen wurde hier von einer Schauspielgruppe seit 1686 regelmäßig Theater gespielt, zum anderen übernahm der 1733 geborene Christoph Martin Wieland, der seit 1736 in Biberach aufwuchs und als evangelischer Kanzleidirektor 1760 hierher zurückkehrte, alsbald die Regie. Gleichzeitig übersetzte er in dieser Zeit alle 22 Stücke des englischen Dramatikers und gab sie bei Orell, Geßner und Co. in Zürich heraus. Nach seiner Professur in Erfurt von 1769 an wurde er als Fürstenerzieher nach Weimar berufen. Seine Bedeutung für die sich dort etablierende deutsche Klassik kann kaum überschätzt werden. Eine kleine Überlegung vermag dies zu veranschaulichen an einer Örtlichkeit, die wiederum nur wenige Schritte weiter südwärts von „Stadtmetzig" und Komödienhaus zu finden ist: Es ist allgemein bekannt, welch wichtige Rolle das Gartenhaus in Goethes Leben und Werk gespielt hat. Weniger beachtet wird, daß Wieland dieser Begeisterung für einen naturnahen und ruhigen Arbeitsplatz schon in seiner Biberacher Zeit frönte. Zuerst bei häufigen und längeren Aufenthalten am Musenhof des Grafen Stadion im Schloßturm und vor allem im Park von Warthausen. Und dann, nach einer etwa zweijährigen Krise in den Beziehungen zum Schloßherrn, in einem damals noch romantisch an der Riß gelegenen angemieteten Häuschen, dem sich ab 1766 noch ein zweites als Vorratsraum zugesellte. Wieland schwärmte unter anderem vom Blick über das Wasser bis hinüber zum

OBEN:
DIE „STADTMETZIG
MIT DEM THEATER-
SAAL

UNTEN:
DAS ALTE RATHAUS
IN BIBERACH

weißen Kirchturm von Ummendorf. Das mag ein Reisender auf der Barockstraße auch heute noch sehr gut verstehen, denn dieser Turm wurde von keinem geringeren als Johann Michael Fischer entworfen. Auch später noch träumte Wieland von einem „Tusculanum", erwarb sich in Weimar stückweise einen ansehnlichen Garten und schließlich 1797 ein Landgut in dem etwa zehn Kilometer entfernten Oßmannstedt.

STATION 8
Ochsenhausen
Wo der Ochse goldne Schätze aus dem Acker fördert

Stellen wir uns einen pflügenden Bauern vor, der sein Joch Ochsen über einen der Hochäcker zwischen den im Ortskern zusammenfließenden Bächen der Oberen und der Unteren Rottum führt, dann sind wir der wunderschönen Legende schon ganz nahe, welche sich um die Entstehung des Benediktinerklosters rankt. Sie besagt, daß ein Nonnenkloster namens Hohenhausen hier im Jahre 955 von den eingefallenen Ungarn zerstört worden ist. Die flüchtenden Nonnen haben aber vorher noch ihren Klosterschatz vergraben. Der ist dann ein gutes Jahrhundert später vom ackernden Ochsen wieder zutage gefördert worden. Ein Ministeriale der Welfen namens Hatto von Wolfertschwenden (bei Grönenbach) habe darin einen göttlichen Hinweis erkannt und zusammen mit seinen drei Söhnen anno 1093 an dieser Stelle ein Kloster zum heiligen Georg gegründet.

Die ersten Mönche schickte das Reformkloster St. Blasien aus dem Schwarzwald. Bei der urkundlich bestätigten Grundsteinlegung im Jahre 1100 war auch der vertriebene Erzbischof Thiemo von Salzburg zugegen, der wenige Jahre später im Orient ein grausames Martyrium erlitt und daher in Ochsenhausen besonders verehrt wird (Darstellung im zweiten Fresko des Mittelschiffes).

Die spätere Klostergeschichte wurde wesentlich beeinflußt von einem Sachverhalt, den der Volksmund so benennt: „Wenn Zwei sich streiten, freut sich der Dritte". Während der Kirchenspaltung zwischen 1378 und 1417, als zwei Päpste Anspruch auf die Leitung der Kirche erhoben, stellte sich das Kloster auf die Seite von Urban VI., St. Blasien aber und mit ihm der gehorsame Prior auf die des Gegenpapstes Clemens VII. In der Auseinandersetzung erhielt der Konvent von Urban das Recht, den Prior heim nach St. Blasien zu schicken und einen eigenen Abt zu wählen. Das taten die Ochsenhausener nun seit 1392. Ein Jahrhundert darauf erkannte Kaiser Friedrich III. die durch Schenkungen und Eigenerwerbungen gewachsene Grundherrschaft mit der Ernennung zur freien Reichsabtei an.

Als sichtbarer Ausdruck des gestiegenen Ranges wurde danach die spätgotische Klosterkirche neu errichtet. Sie fiel recht lang aus im Hinblick auf die gewachsene Zahl der Ortsbewohner und der zum Gottesdienst herbeiströmenden Bewohner des Umlandes, wurde also schon damals als Kloster- und Pfarrkirche erbaut. Das ist nicht üblich, sondern eine Ausnahme. Ein Blick auf andere Reisestationen zeigt es. Obermarchtal, Zwiefalten, Weingarten oder Ottobeuren wurden alle als Konvents- und Wallfahrtskirchen errichtet und hatten jeweils am Ort noch eigene Pfarrkirchen! Während der Bauernkriege im 16. Jahrhundert suchte die junge Reichsabtei Schutz bei der mächtigen Reichstadt Ulm – und holte sich damit die Reformation in die eigenen Mauern. Die Entscheidung für die römische Kirche wurde erst endgültig unter Abt Gerwig Blarer, der von 1547 an zwanzig Jahre regierte, zugleich als Abt von Weingarten. Blarer war ein führender Kopf der Gegenreformation und damit kaiserlich-habsburgischer Politik in Oberschwaben. Ganz im Unterschied zu seinem jüngeren Bruder Ambrosius, der als besonders redegewandter Theologe auf der Gegenseite als Reformator von Konstanz in die Geschichte einging.

DIE EINDRUCKSVOL
KLOSTERANLAGE IN
OCHSENHAUSEN

Seine entschieden römisch-katholische Haltung mußte Ochsenhausen im Dreißigjährigen Krieg mit schweren Plünderungen büßen, die 1633 sogar zur zeitweiligen Aufhebung führten.

In der Zeit nach dem überstandenen Krieg hatte das Reichsstift allen Grund, sein Überleben in der folgenden wirtschaftlichen Blüte auch baulich unter Beweis zu stellen. Den stärksten Eindruck von dieser Triumpharchitektur erhält der Reisende von der Ostseite, von Memmingen her kommend. Da imponiert der vierstockige Konventsbau mit seinen originellen vier ehemaligen Treppentürmchen und dem in der Barockzeit hinzugefügten, sieben Fensterachsen zählenden Mittelrisalit, das Ganze in gelbweißer Fassung, und dem ebenfalls zur Barockzeit anno 1698 erhöhten Turm derart, daß die Rede vom „schwäbischen Escorial" fast zwangsweise aufkommen mußte.

Der etwas nachdenklichere Reisende sollte freilich bei aller Begeisterung für die barocke Pracht nicht die gotischen Gebäude linker Hand übersehen: das beeindruckende Kornhaus, die weiten Ställe und die Mühlen. Aus der Gegenrichtung betrachtet, wächst der zwei Stilrichtungen vereinende und somit unverkennbare Turm über die Hochfläche. Tritt man dann aber durchs westliche Tor hindurch, erwartet einen ein faszinierender Anblick: Eingerahmt von der Klostermauer mit hohen Kastanien zur Linken und dem dreistöckigen Trakt des Fürstenbaus zur Rechten eröffnet sich ein hellgekiester Platz mit drei Höhepunkten: in der Mitte die

elegant gerundete Westfassade, die Baumeister Christoph Wiedenmann 1725 der gotischen Basilika vorsetzte und mit einer überlebensgroßen Salvator-Statue krönte; dahinter im V-Ausschnitt zwischen konzentrisch zulaufendem Kirchendach einerseits und Hoftrakt andererseits der steil aufragende Kirchturm. Seine hochgewölbte Metallhaube vereinigt nun gut erkennbar auf verschiedenen Stockwerken die unterschiedlichen Stilelemente von spätgotischen Spitzbögen über barocke Rundbögen bis zu einem fast schon klassizistisch anmutenden Schalloch in einzigartiger Harmonie. Diesen beiden Höhepunkten korrespondiert in nächster Nähe des Eintretenden die sich in der Schlankheit noch einmal steigernde Mariensäule von 1717. Unwillkürlich fühlt sich der Gast in einen himmlischen Dialog hineingenommen zwischen der auf der Weltkugel schwebenden Immaculata und dem ihr zugewandten göttlichen Sohn mit seiner grüßend in ihre Richtung erhobenen Rechten und der ebenfalls goldenen Weltkugel in der Linken. Wenn dann vielleicht noch vom Turm her mit der dritten goldenen Kugel unterm Turmkreuz das Glockengeläute erklingt und das Ganze sich unter einem blauen oberschwäbischen Sommerhimmel vollzieht, könnte ein empfindsamer Reisender sich durchaus fragen, ob er noch auf dieser Welt ist oder nicht schon in himmlische Gefilde enthoben.

Der weitere Weg zum Heil führt, das macht uns Ochsenhausen unmißverständlich klar, in und über die römische Kirche. Das zeigt das Gelb-Weiß der sich einem entgegenwölbenden Kirche ebenso wie die Brustplastik eines Papstes über dem mittleren Kircheneingang. Hat man diesen passiert, so ist man wiederum überwältigt.

Zunächst von der unvermuteten Tiefe dieses basilikalen Raumes, die von der gotisch-schlanken Höhe seines Mittelschiffs noch gesteigert wird. Dann von der Lichtfülle, die durch die großflächigen Oberfenster sich in den ganzen dreischiffigen Raum ergießt. Und schließlich von der Feinheit und Farbharmonie der Ausstattung. Im Unterschied zu manch anderer Kirche wird es kaum einem Besucher einfallen, den Verlust der gotischen Raumatmosphäre infolge der Barockisierung zu bedauern!

Hinreißend ist dazu das leicht geschwungene Gesimsband, das der Stuccadore Gaspare Mola 1729 unter den Oberfenstern des Mittelschiffes derartig eingezogen hat, daß der Blick über die filigrane Kanzel und den ebenfalls feingliedrigen Kreuzaltar bis zum tief im Raum aufsteigenden Hochaltar geführt wird. Und der greift das in der Klostergeschichte angeklungene römische Thema vielfältig wieder auf und führt es zum trinitarischen Höhepunkt. Seinen räumlichen wie auch optischen Mittelpunkt

DAS PRÄCHTIGE DECKENGEWÖLBE U DIE GABLER-ORGEL

bildet das beeindruckende Tafelbild des uns von Biberach her bekannten Johann Heinrich Schönfeld aus dem Jahre 1668. Es zeigt in der unteren Bildhälfte eine stark in die Tiefe gruppierte Szene von acht ausgesuchten Klosterpatronen im Gegenlicht eines von letztem Abendrot erhellten Nachthimmels. Von diesem hebt sich um so wirkungsvoller die grellweiß gehöhte Immaculata ab, die soeben am Ziel ihrer Himmelfahrt von Gottvater und Christus mit je einer Hand an der für sie bestimmten Krone empfangen wird. Darüber verströmt in der oberen Wölbung des Bildes die Heiliggeisttaube goldenes Licht in das insgesamt recht dunkle Altarblatt. Das ist, kurz gesagt, ein hervorragendes Beispiel von Manierismus, das ist große römische Kunst, wenn auch in Augsburg gemalt und so vielleicht noch ergänzt von cisalpiner Neigung zur Metaphysik eines empfindsamen Oberschwaben.

Der Altarbauer Johann Joseph Obrist faßte das Altarblatt ganz eng mit Halbsäulen und baute die Architektur dieses Altares auf zwei weit vorspringende Doppelsäulen korinthischer Ordnung. Deren zweistockige Basis umfängt die Altarmensa halbkreisförmig, während der Kapitellaufbau mit Rundbögen den oberen Architrav der Konstruktion bildet. Zwischen vorgestellten Doppelsäulen und bildrahmenden Halbsäulen strömt das Licht der seitlichen Chorfenster üppig hindurch und wird von den goldgefaßten Säulen reflektiert. Über dem Architrav strahlt dann das Licht vom Oberfenster mit dem goldenen Dreieck als Dreifaltigkeitssymbol zusammen mit den plastischen Strahlen jener goldenen Stäbe, die das von Engeln bevölkerte Gewölk durchdringen. Ursprünglich wurde dieses Strahlen in jenseitig-goldnem Licht vom Kreuzaltar her erwidert durch den zauberhaften Tabernakel, der leider nach der Säkularisation unwiederbringlich ins Katharinenkloster Wil im Kanton St. Gallen gekommen ist.

BENEDIKT ERHÄLT FÜNF OFFENBARUNGEN

Zur Raumwirkung des Chores trägt das 1686 gefertigte Mönchsgestühl mit der integrierten Chororgel bei. Seine warme Holzfarbe und seine ruhige Profilierung in frühbarockem, noch der Renaissance verpflichteten Dekor verstellt den länglichen Raum in keiner Weise. So findet der freie Blick zum anderen Höhepunkt der Basilika am gegenüberliegenden Ende. Auf der Mittelschiffempore hat das Hauptwerk Gablers seinen Auftritt. Die rotmarmoriert und mit goldenem Schnitzwerk eingefaßten Pfeifen bilden – im oberen Bereich ebenfalls von Engeln umschwebt – ein würdiges Gegenstück zum Hochaltar. Freilich so, daß das große Mittelfenster der Fassade frei bleibt. Wie man im Spitzenwerk Gablers in Weingarten sehen kann, gehört die gekonnte Lichtregie zum Repertoire des einhei-

mischen Meisters, der in der Region den freistehenden Spieltisch eingeführt hat und gerne als der oberschwäbische Silbermann tituliert wird. In die der wogenden Wand engstehender Pfeifen vorgesetzte Emporenbalustrade hat Gabler einige kleinere Register eingebaut und in deren obere Verzierung ein fein geschnitztes Öchslein, das sich bewegt, wenn sein Register gespielt wird. So kann also ein auswärtiger Gottesdienstbesucher seinen verwunderten Zuhörern berichten, er habe das Ochsenhauser Öchslein zur Ehre Gottes Tanzen gesehen und Jubilieren gehört! Wer noch Muse hat, kann die im Kirchenführer akribisch beschriebenen Fresken studieren, mit denen Johann Georg Bergmüller anno 1725–27 die bis in die Kirchendecke hinein erhaltenen, ehemals gotischen Joche ausgestattet hat. Sein Nachfolger als Augsburger Akademiedirektor, Anton Huber, leistete seinen Beitrag in den Seitenschiffen mit jener abgekühlten frühklassizistischen Farbpalette, die wir bereits bei Januarius Zick antrafen.

An den Seitenaltären kann man die rasche Entwicklung des Barockstils exemplarisch verfolgen. Steht der 1719 von Dominikus Zimmermann geschaffene Antoniusaltar noch fest, symmetrisch und etwas schwer in seiner Seitenkapelle, so überrascht jener von Dominikus Herberger aus dem Jahr 1742 durch seine asymmetrische Rocailleform, die fast nur noch von den beiden Altarbildern Franz Joseph Spieglers zusammengehalten wird. Die Thematik des Hauptblattes ist rar, wiewohl von gewichtiger Aussage besonders für die Benediktiner: Der Ordensgründer erhält von einem Engel fünf Versprechen, darunter jene, daß der Orden bis zum Ende der Welt bestehen werde und daß alle seine Anhänger eines guten Todes sterben werden! Die Einlösung des letzteren Versprechens zeigt in plastischer Darstellung Egid Verhelst wenige Meter entfernt auf dem Schalldeckel der sonst so zierlichen Kanzel. Auch hier zeigt sich wieder, daß der so lebens- und prachtliebende Barock den Tod keineswegs verdrängt!

Wer in Ochsenhausen noch mehr Zeit hat, kann zu festen Zeiten eine geführte Besichtigung der Konventsgebäude unternehmen und dabei noch einmal die Kunstepochen von der Gotik bis zum Klassizismus erleben. Es bietet sich aber auch ein besinnlicher Spaziergang am eichenbestandenen Krumbach an. Oder eine Einkehr in eines der historischen Gasthäuser, deren jüngstes mit dem Namen „Zum Bohrturm" nur solche Reisende überrascht, die nicht wissen, daß hierzulande zwischen Barocktürmen einige Jahrzehnte lang Öl gefördert wurde.

STATION 9
Weingarten
St. Peter für den schwäbischen Globus

Der Name Martinsberg für den das Schussenbecken beherrschenden Hügel verweist mit seinem fränkischen Patrozinium darauf, daß an diesem Platz schon im frühen Mittelalter ein kultischer Ort zu finden war. Ihm kann seit gut vierzig Jahren zwar ein bedeutendes Gräberfeld, aber noch immer kein genauer Wohnort zugeordnet werden.

Der Beginn der Geschichte der Abtei läßt sich auf das Jahr 940 datieren. Da gründete Welfengraf Heinrich, der Vater des heiligen Bischofs Konrad von Konstanz, ein Frauenkloster. Welf III. verlegte es 1055 auf den Martinsberg und nannte den Ort „Weingarten", was zeigt, daß der Platz einst zum Anbau von Reben taugte.

Unter Welf IV., Herzog sowohl in Schwaben wie auch in Bayern, kam es 1056 zu einem Tausch: Die im Kloster lebenden Nonnen zogen ins bayerische Altomünster um, von dort kamen Benediktiner auf den Martinsberg. Welf bestimmte die Klosterkirche zur Grablege seiner Familie, die später immerhin einen Heinrich den Löwen – zuletzt Gegenspieler des Stauferkaisers Friedrich Barbarossa – hervorbrachte. Seine Gemahlin Judith von Flandern schenkte dem Konvent 1094 eine Heilig-Blut Reliquie – eine folgenreiche Tat: Bald setzte zur Verehrung der Reliquie eine Wallfahrt ein. Sie besteht noch heute in Form des alljährlich veranstalteten sogenannten Blutritts, der am „Blutfreitag" unmittelbar nach dem Fest Christi Himmelfahrt eine große Anzahl von Reitern zusammenführt.

Von der hohen Blüte des Klosters im Mittelalter erzählen auch die Erzeugnisse des Skriptoriums, der Schreibschule. Zwar hat die Säkularisation diese Schätze in alle Winde zerstreut, doch ein kleiner Teil wurde zur 900-Jahr-Feier der Reliquienschenkung 1994 zurückgeführt. Glanzstück war das aus New York eingeflogene „Berthold-Sakramentar", das nach dem 1200 bis 1232 regierenden Abt benannt ist und durch die reiche Verwendung von Gold und Silber sowie durch die künstlerische Qualität der Abbildungen zu den Prachtstücken mittelalterlicher Buchmalerei zählt.

Das Kloster überstand unter der Führung tatkräftiger Äbte auch die

Wirren der Reformation und Kriegszeiten. So stellte sich am Ende des 17. Jahrhunderts die Aufgabe, den in Notzeiten heruntergekommenen Baubestand zu reparieren – oder im neuen Stil zu ersetzen. Abt Sebastian Hyller, der von 1697 bis 1730 regierte, war der Initiator einer architektonischen Lösung, welche die zentrale Stellung des Klosters am Stammsitz der Welfen zeitgemäß zum Ausdruck bringen sollte. Dazu verschmolz er die Bauideen des Benediktiners Kaspar Moosbrugger aus Einsiedeln mit denen des aus dem Bregenzerwald stammenden Baumeisters Franz Beer, dessen Namen oft begegnet, sowie der Allgäuer Johann Jakob Herkomer und Johann Georg Fischer. Die Vollendung oblag seit 1719 dem Ludwigsburger Hofbaumeister Donato Giuseppe Frisoni. Die Liste der insgesamt an dem Bau und dessen Ausstattung beteiligten Künstler und Handwerker liest sich wie ein „Who's who?" der damaligen süddeutschen Kunstszene. Das Resultat der Bemühungen vieler war eine einmalige barocke Gottesburg – ein „St. Peter nördlich der Alpen". Die Konvents- und Wallfahrtskirche mißt nämlich sicher nicht zufällig in Länge, Breite und Höhe jeweils die Hälfte des Petersdomes in Rom. Und daß zur Grundsteinlegung 1715 der päpstliche Nuntius geladen war, sollte die Bedeutung des Bauwerks noch nachdrücklicher hervorheben. Neun Jahre nach Baubeginn konnte der Konstanzer Bischof die Kirche weihen.

OBEN:
DIE BASILIKA AUF
DEM MARTINSBERG

UNTEN:
DER BLUTRITT IM
SCHUSSENTAL

Sie lädt den Besucher mit ihrer konvex vorgewölbten Fassade, dem ausgestellten Turmpaar und der alles überragenden Kuppel schon von Ferne zur näheren Betrachtung ein. Der Eindruck des Gigantischen steigert sich, wenn man die Treppen auf den Martinsberg hinaufsteigt. Unter dem marmornen Klosterwappen mit Welfenlöwen, Weinreben, Krummstab, Mitra und Schwert betreten wir die Vorhalle: Vor uns öffnet sich der Blick in die größte Barockkirche Deutschlands! Sie gilt auch als eine der monumentalsten. Zwar erkennen wir wieder das Vorarlberger Münsterschema mit breitem Mittelschiff, Querung und mächtigen Wandpfeilern, doch sind diese über und unter den durchlaufenden Emporen von Rundbögen durchbrochen. Dadurch entsteht der Eindruck, es handle sich um einen dreischiffigen Raum. Folgt man dem optischen Sog der vom Eingang her nur in Ansatz und Lichteinfall erkennbaren Kuppel, so erlebt man eine weitere Besonderheit des Weingartener Innenraumes: Die einzelnen Joche – durch die Pfeiler gegliederte Raumeinheiten – sind zum Teil verschieden tief; mitunter wirken sie auch so durch die raffinierte Deckengestaltung. Auf diese Weise entsteht ein schwingender Rhythmus der Joche, der von den weit zurückspringenden, filigran dekorierten Emporen noch verstärkt wird.

DAS LANGHAUS DER BASILIKA

Das gegenüber Obermarchtal neu eingeführte Element der Raumgestaltung sind jedoch die Fresken des Cosmas Damian Asam (1686–1739), der zu den bedeutendsten Malern und Baumeistern des deutschen Barock zählt und sich mit dem nach ihm benannten Asam-Kirchlein in München ein bleibendes Denkmal gesetzt hat. Seine Bilder konkurrieren mit den inzwischen feiner gestalteten Stuckornamenten. Sie tragen die Farbe bis an die Kirchendecke zwischen die immer noch rein weißen Verzierungen des damals führenden Stukkateurs Franz Schmuzer (1676–1741) aus Wessobrunn, dessen Vater Johann in Obermarchtal gearbeitet hatte. Vor allem aber öffnen die Malereien die Perspektive nach oben – geradewegs in den Himmel.

Ein besonders gelungenes Beispiel der Architekturmalerei finden wir im dritten Joch: Zwischen den um ein ganzes, freilich nur vorgetäuschtes Stockwerk verlängerten Pfeilern öffnet sich für den dort dargestellten heiligen Benedikt der Himmel zu einer Vision, während gleichzeitig Luzifer aus diesem herabgestürzt wird. So treffen sich wie in einem Brennpunkt hochbarocke Dramaturgie und Dialektik!

Tiefreligiös ist die Bildpredigt der beiden Querschiffe. Im linken erhebt sich über der Welfengruft der Heilig-Blut-Altar, in dem zur Barockzeit die kostbare Reliquie aufbewahrt wurde. Das Altarbild zeigt, wie Jesus am Kreuz sein Blut für die Menschheit vergießt. Eine Imitation der Reliquienfassung ziert die Altarspitze, darüber aber im Deckenfresko pressen Putti Wein – das eucharistische Zeichen für das Blut Christi.

Auf der Gegenseite befand sich ursprünglich das Sakramentshaus. Das Altarbild zeigt in faszinierender Diagonalkomposition die Kreuzabnahme: Jesu Leib für die Erlösung der Menschheit. Entsprechend finden wir die Nachbildung einer Monstranz an der Altarspitze. An der Decke wiederum Putti, die diesmal Ähren ernten.

Beneidenswert der Besucher, der Zeit genug hat, weitere Kostbarkeiten in Ruhe anzuschauen. So etwa das Chorgestühl mit Intarsien und Figuren des jungen Joseph Anton Feuchtmaier (1696–1770), dem späteren Meister der Birnau. Oder die in ihrer Rokokopracht von einem einzigen Engel getragene Kanzel als Werk des einheimischen Fidelis Sporer (1731–1811). Oder die Riesenorgel des Ochsenhauseners Joseph Gabler (1700–1771) mit 7000 Pfeifen, darunter die berühmte „Vox humana". Die vielen Register des mit einem freistehenden Spieltisch ausgestatteten Wunderwerks sind so locker um die Westfenster herum komponiert, daß am Abend Sonnenstrahlen und Orgelklang überirdische Harmonie eingehen. Solche Gefühle können auch die Glocken des gewaltigen Geläuts erwecken, angeführt von der fast sieben Tonnen schweren „Hosanna" aus dem 15. Jahrhundert und der zu ihrer Schonung neu gestifteten „Gloriosa". Wer noch mehr Glück hat, erlebt eine Basilikaführung, die viele Besonderheiten des schier unerschöpflichen Kirchenraums erschließt. Vielleicht gar durch einen der in der Abtei beheimateten Benediktiner. Denn Weingarten ist mit kurzer Unterbrechung während der Kriegsjahre seit 1922 wieder von dem Orden mit Leben erfüllt, der es gegründet und barockisiert hat. Das ermöglicht noch ein weiteres Hörerlebnis: den Gesang der Mönche alltäglich zu den vom Ordensvater Benedikt angesetzten Gebetszeiten! Hat man sich danach wieder zurückgetastet in die reale Welt, so verdienen die seit einigen Jahren beiderseits der Treppe unterm Martinsberg gepflanzten Reben ermutigenden Zuspruch. Schließlich bemüht sich die Stadt redlich, mit der Wiederaufnahme der alten Kulturtradition ihrem Namen gerecht zu werden. Der Autor kann versichern, daß das Ergebnis durchaus erfreulich ist. Der erste Blick von der Treppe ins Tal hinunter täuscht etwas. Zunächst liegt nämlich mit der Maschinenfabrik Müller Weingarten ein großes Fabrikareal vor Augen. Freilich werden hier auch jene Großpressen gebaut, mit denen in den Fünfziger Jahren die Karosserien des sogenannten „Barock-Ford" oder gar des auch als Polizeifahrzeug legendären „Barock-Engels" von BMW geprägt wurden. Doch gleich südlich liegt der ehemalige Reichsflecken mit gemütlichen Marktgassen und Straßencafés wie etwa dem zu Füßen des historischen Kornhauses mit den teilweise einzigartigen Funden des Alamannenmuseums im ersten Stock. Vor allem jedoch einem frühbarocken Glanzstück in der Gestalt des „Schlössle". Dies ist die einstige Residenz des vorderösterreichischen Landrichters. Heute bietet sie nicht nur einen Empfangssaal mit Schmuzer-Stuck vom Feinsten, der es mit dem der Prälatur oben im Kloster oder dem im Tettnanger Schloß aufnimmt, sondern als erst jüngst eingerichtetes Heimatmuseum gibt es hier modernste Museumsdidaktik zu erleben. Daher ist das „Schlössle" auch besonders geeignet zum Besuch mit Kindern. Und damit haben wir eine schöne Überleitung zur nächsten Station. Denn wer denkt dabei nicht sogleich an „Ravensburger Spiele"?

DIE BEEINDRUCKENDE KUPPEL MIT DEM FRESKO

Ravensburg.

RAVENSBURG IM
19. JAHRHUNDERT

STATION 10
Ravensburg und Weißenau
Das schwäbische Nürnberg und die Mönche in der weißen Aue

Ravensburg

Die ehemalige Freie Reichsstadt Ravensburg grüßt schon von weitem. Ihre Lage im Tal der Schussen und ihre türmereiche Silhouette begeistern Einwohner wie Besucher. Im alljährlich zum traditionellen Rutenfest gesungenen Heimatlied klingt das so:

> Mein Ravensburg im Schwabenland
> Wie liegst du schön am Schussenstrand!
> Der Obstbaum Blüt, der Rebe Blatt
> Umgeben dich, du schöne Stadt.
> Es lacht vor dir ein freundlich Tal
> Sei mir gegrüßt viel tausendmal
>
> Die Alpenriesen schau'n herein
> Zu dir mit hellem Silberschein
> Seh'n sich an dir doch niemals satt,
> du wunderschöne Schwabenstadt ...
> Weithin reicht deiner Türme Gruß
> Voll Anmut an der Veitsburg Fuß ...

Die Fernwirkung des Stadtbildes ist auch darin begründet, daß Ravensburg zu Füßen der heute Veitsburg genannten Welfenburg an den Ufern des Flattbaches gegründet wurde. Dieser kleine Schussenzufluß hat kräftige Aufschüttungen ins weite Tal getragen, so daß der alte Stadtkern mit seiner romantischen „Skyline" spürbar „geliftet" wird. So könnte man das neudeutsch sagen.

Gerade bei der Annäherung von Norden, von Weingarten her, fällt diese fast unmerklich gehobene Lage ins Gewicht. Mit der Silhouette der 15 historischen Türme, deren jeder sein eigenes Aussehen hat und die mit bis zu fünfzig Metern höher als sonst aufsteigen. Wenn – besonders an Föhntagen – die Natur noch die Zackenlinie der Alpen unwirklich nahe in den Hintergrund projiziert, dann kann sich kaum jemand dem Reiz dieses „schwäbischen Nürnberg" entziehen. Der Titel trifft auch den historischen Hintergrund dieses Erscheinungsbildes: Die mittelalterliche Stadt verdankte ihren heute noch sichtbaren Wohlstand der regen Leinwandherstellung im Umland. Zu ihrem Absatz in ganz Mitteleuropa wurde Ende des 14. Jahrhunderts die „Große Ravensburger Handelsgesellschaft" gegründet, die Kaufleute von Wangen und Isny bis Lindau und Konstanz, zeitweise sogar St. Gallen umfaßte. Der aus dem angesichts der damaligen Verkehrsverhältnisse wagemutigen Unternehmen erwachsene Wohlstand ist bei einem Stadtrundgang sichtbar. Unter und zwischen den Türmen blieben Kirchen, Rathaus, Waren- und Patrizierhäuser bis heute gotisch geprägt, wenn auch die Stadtmauer nur noch im Nordabschnitt und selbst dort nicht mehr in der imponierenden einstigen Höhe erhalten ist. Erst am Ende der Epoche kam gegen 1530 nach der Entdeckung der neuen Seewege der Niedergang.

So ist auch erklärlich, warum das älteste erhaltene Bildnis eines deutschen Kaufmanns nicht in Lübeck oder Bremen, sondern in Ravensburg zu besichtigen ist. Es befindet sich, lebensgroß als Flachrelief in Stein gehauen, in der sogenannten Gesellschaftskapelle und zeigt den 1429 verstorbenen Henggi Humpis in seiner Standestracht mit großem Geldbeutel, Schwert und vom Kaiser verliehenem Familienwappen. Zu beiden Seiten dieses bedeutenden Epitaphs mit seiner gotischen Umschrift sind Grabsteine anderer Patrizier zu betrachten, die bis zum Barock reichen. Die sie bergende Kapelle befindet sich nördlich des Chores der ehemaligen Klosterkirche der Karmeliter, die heute als evangelische Stadtkirche dient. Ein anderes imponierendes, aber mit Worten gemaltes Bild aus Ravensburgs großer Zeit findet sich in Otto Rombachs historischem Roman „Der junge Herr Alexius". Vor drei Generationen nach einem bedeutenden Aktenfund verfaßt, war er bis zur Mitte des 20. Jahrhunderts ein Renner im Programm der Deutschen Verlagsanstalt. Statt ihm auf 1111 Textseiten zu erliegen, können wir uns aber auch in den Gassen der alten Reichsstadt von Ravensburgs alter Handelsherrlichkeit erzählen lassen. Dabei begegnet das Humpis-Wappen mit den drei Hunden wieder am Erker des erhaltenen Wohnsitzes der Familie in der Marktstraße oder als Stifterwappen an der Orgelempore der Liebfrauenkirche. Auch das Original der Ravensburger Schutzmantelmadonna, deren Replik das südliche Seitenschiff beherrscht, wurde von den mittelalterlichen Fernhändlern gestiftet. Des halb finden wir diese auch als kleine Stifterfiguren unter Marias Mantel abkonterfeit. Daß die Gottesmutter mit beiden Händen den Mantel breitet und so auch nicht ihr Kind in Händen hält, ist eine große Rarität in der Kunstgeschichte. Egal, ob wir nun den von den Türmen bezeichneten Bering der Altstadt abwandern mit dem zentralen Blaserturm am Marienplatz als Ausnahme, dessen Besteigung einen intimen Blick über die alten Dachlandschaften gewährt, oder ob wir uns zum Aufstieg auf die Veitsburg mit einem Fernblick bis zum Bodensee entscheiden: Stets werden uns zwischen der gotischen Bausubstanz nur einzelne Zeugen der Barockzeit begegnen: der frühbarocke Kreuzbrunnen am Frauentorplatz, einzelne mit geschwungenem Stuck oder Giebeln geschmückte Häuser in der Herren- oder der Kirchstraße, das Bruderhaus in der Nordwestecke beim Gemalten Turm oder die Barockpalais des Deutschen Ordens und der Weißenauer Prämonstratenser in der Eisenbahnstraße. Letzteres als Pfarrhaus zur gegenüberliegenden Unterstadtpfarrkirche St. Jodok. Sie alle belegen, wer in der Zeit nach dem großen Kriege die neuen Adressen für Geld und sichtbaren Wohlstand waren. Noch schöner freilich zeigt sich das beim weiten Blick über das Schussental von der Aussichtsterrasse der Veitsburg. Da liegt die mittelalterliche Stadt im Kranze ihrer gotischen Türme malerisch eingebettet in die oberschwäbische Hügellandschaft, eingeschlossen im Norden und Süden des Flußtales von den barocken Großanlagen der Abteien Weingarten und Weißenau.

Weißenau

Über die Frage, woher der Name „Weißenau" stammt, kann man trefflich spekulieren: ob von der Umgebung des Schussentales, in dem das Bleichen von Textilien bis heute Bedeutung hat, oder von den weißen Kutten der zu neuer mönchischer Einfachheit entschlossenen Prämonstratenser. Denn Weiß entsprach der natürlichen Wollfärbung, und Schwarzfärbung, wie bei den Benediktinern üblich, konnte demnach als unnötiger Luxus angesehen werden.

Lassen wir die Frage nach der Herkunft der Ortsbezeichnung als unentschieden beiseite. Sicher ist hingegen, daß bei der Gründung von Weißenau wie schon in Weingarten das Geschlecht der Welfen eine Rolle spielte: Deren Gefolgsmann Gebizo aus Ravensburg, ein reich gewordener Beamter von hohem Rang, gründete das Kloster für den neuen Seelsorgeorden 1145. Kaum zwanzig Jahre zuvor erst hatte der Papst den von dem Prediger Norbert von Xanten ins Leben gerufenen Chorherrenorden offiziell anerkannt. Schon kurz darauf hatte das Mutterkloster Premontré, von dem der Name Prämonstratenser abgeleitet ist, die ersten Mönche nach Schwaben geschickt – nach Rot an der Rot.

DIE EHEMALIGE KLOSTERANLAGE WEISSENAU

Von dort aus kamen die weißgewandeten Gottesmänner ins Tal der Schussen. Ihre ersten Leistungen: Entwässerung des sumpfigen Landes und Errichtung von Unterkünften und Kirche. Bald stand eine dreischiffige romanische Basilika mit hohem Turm und sechs Altären. Im Jahre 1283 erhielt sie – auch hier eine Parallele zu Weingarten – eine Heilig-Blut-Reliquie übereignet. Spender war in diesem Fall kein Geringerer als Rudolf von Habsburg, von 1273 bis 1293 deutscher König und Stammvater der später so mächtigen Habsburger. Seelsorglich aktiv waren die Chorherren nicht nur in den Dörfern der Umgebung, sondern auch in den Stadtpfarreien St. Christina und St. Jodok in Ravensburg.

Noch 1628 – also schon während des Dreißigjährigen Krieges – ersetzte man den alten Chor der Klosterkirche durch einen barocken. Als dann achtzig Jahre später eine Neuanlage beschlossen wurde, wehrte sich der Konvent, diesen „schon wieder" abreißen zu lassen. So mußte Baumeister Franz Beer, der auch an den Plänen für den Kirchbau in Weingarten maßgeblich beteiligt war, auf sein Projekt eines Ovalchores verzichten und das neue, hohe Kirchenschiff an den bestehenden niedrigeren Chor anschließen.

Von außen ist dies freilich kaum zu bemerken. Da fällt im Rahmen der heute noch intakten Klostergebäude mit Torhaus, Amts- und Wohnhäusern, in denen ein Psychiatrisches Landeskrankenhaus untergebracht ist, zuerst das hochragende Turmpaar ins Auge. Danach zieht die natursteinverblendete Fassade den Blick auf sich. Sie wirkt in ihrem geometrischen Aufbau ohne Rundungen außer in den Fenstern ungewöhnlich streng. Der Eindruck wird durch den schon von Obermarchtal her bekannten schweren Giebel noch verstärkt.

Ganz anders das Innere. Das lichtdurchflutete Langhaus, im bewährten Bauschema der damals in Oberschwaben überall tätigen Vorarlberger Bauexperten, gehört mit zu den harmonischsten Schöpfungen dieses Stils. Die Galerien laufen geradlinig durch die Wandpfeiler, dafür ist das mittlere Langhausjoch in Seitenkapellen hinein geweitet und die Vierung von vier marmorierten Säulen anstelle der weißen Wandpfeiler betont. Darüber spannt sich eine ins Dach eingezogene Flachkuppel.

Und noch ein Unterschied zu Weingarten ist zu beobachten: Die insgesamt etwas kleinflächigeren Deckenbilder wirken dunkler und weicher, fast samtig. Sie wurden nämlich von Jakob Carl Stauder (1694 1756),

einem Schweizer Konkurrenten des in Weingarten tätigen Bayern Cosmas Damian Asam „al secco", das heißt mit ölhaltigen Farben auf den trockenen Putz gemalt. Üblich war es, die Farbe auf den noch feuchten Kalkbewurf aufzutragen. Welcher Technik der Vorzug zu geben sei, darüber ist damals viel gesagt und geschrieben worden. Fest steht jedoch: Der die Deckenbilder umgebende Stuck ist von derselben hervorragenden Qualität wie in Weingarten und stammt auch aus derselben Werkstatt: der des Wessobrunners Franz Schmuzer.

Nicht weniger wertvoll ist die weitere Ausstattung. Die schwere, noch ganz barocke Kanzel des Ravensburgers Johann Georg Prestel begleitet uns auf dem Weg zur Heilig-Blut-Reliquie. Diese ist heute im Altar des heiligen Norbert im linken Querhaus zu sehen. Der Überlieferung nach geht sie auf die heilige Magdalena zurück. Ihr Fest am 22. Juli wird bis heute in der Gemeinde zu Beginn der Sommerferien begangen.

Der Kreuzaltar wurde zur 500-Jahr-Feier der Reliquienstiftung 1783 bereits im klassizistischen Stil aus Alabaster gefertigt – von Joseph Anton Feuchtmaiers Nachfolgern Franz Anton Dirr und Johann Wieland. Dahinter fällt der Blick auf den von Joseph Anton Hafner aus Türkheim 1743 völlig ausgemalten Chor. Die Freskierung zieht sich als Bindeglied zum höheren Kirchenschiff auch über den breiten Chorbogen. Darunter lohnt der um 1630 geschnitzte Hochaltar näherer Betrachtung. Das großflächige Altarblatt zeigt Abschied und Martyrium der Apostelfürsten Petrus und Paulus, der Kirchenpatrone. Der Altar in seiner Gesamtheit stellt ein hierzulande seltenes Kunstwerk aus der manieristisch-frühbarocken Kunstepoche dar. Das gilt auch für das von einem bisher nicht identifizierten Meister geschaffene Chorgestühl mit seinen 26 Heiligenreliefs; heute wird es David und Martin Weiß aus Ravensburg (1633–1635) zugeschrieben. Beachten wir dazu noch die wunderbare spätgotische Madonna im linken vorderen Seitenaltar aus der Hand des Ulmers Michael Erhart, dann stellen wir mit Verwunderung fest: In der Klosterkirche Weißenau vertragen und ergänzen sich die verschiedenen Stile. Das ist anderswo keine Selbstverständlichkeit. In das Ensemble gehört auch noch die 1784 errichtete Orgel des Ottobeurer Meisters Johann Nepomuk Holzhey (1741–1809) mit mancherlei aus dem Französischen übernommenen Neuerungen.

DER WEISSENAUER KREUZALTAR

STATION 11
Ottobeuren
Der barocke Leib Jesu Christi

Egal, von welcher Himmelsrichtung aus sich der Besucher Ottobeuren nähert: immer wird er überwältigt von dem sich bietenden Anblick. Und kaum irgendwo präsentieren sich Sinn und Selbstbewußtsein eines selbständigen Reichsstifts perfekter als in dieser imponierenden Gesamtanlage!

Zugunsten einer optimalen räumlichen Entwicklung wurde das Kloster nicht nach benediktinischer Tradition auf einen der begrenzenden Bergkämme, sondern auf eine Hangterrasse des Günztales gestellt, und dies wegen der topographischen Situation auch nicht in der traditionellen Ausrichtung nach Osten, sondern parallel zu Fluß und Tal in Nord-Süd-Richtung. Damit ist auch die den Konventsgebäuden vorangestellte Kirche nicht geostet. Vielmehr erhebt sie sich als hochgezogenes Empfangsportal in Richtung der protestantischen Stadtterritorien Memmingen und Ulm, um den Ankömmling dann licht- und südwärts in Richtung Altar in den Bann zu ziehen. Ein genauer Blick von außen verrät dann freilich, daß die Kirche gar nicht ganz rechtwinklig in der Flucht der folgenden Klostergebäude liegt, sondern leicht nach Westen geneigt. Was dem heutigen Besucher meist entgeht, zeigt sich aus der Luft oder beim Betrachten eines Grundrisses um so deutlicher: Die Kirchenachse ist um etwa sieben Grad nach Westen geneigt. Und wenn man dann erkennt, daß die Gesamtanlage den gekreuzigten Jesus abbildet, wird klar: Die Neigung der Kirche zum Konventsgeviert entspricht der Neigung des Hauptes Christi am Kreuz! Sein Oberkörper entspricht dem Klostergeviert, dessen tragende Mittelsäule wiederum die Residenz des Abtes ist. Seine Wohnung ist in väterlicher Sorge nach Osten zum Hof der Mönchsklausur hin ausgerichtet. Seine Empfangs- und Verwaltungsräume aber nach Westen, wo ihnen die Schul- und Gästeräume gegenüberliegen. In Verlängerung dieses der Außenwelt zugewandten Westflügels befindet sich dann das Amtshaus mit den weltlichen Beamten – im Kreuzesbild die ausgestreckte Rechte, also die gebende Hand des Herrn. Ihr gegenüber befindet sich linkerhand im Osten des Klausurflügels der Rekreationsgarten, sozusagen auf der Herzseite des Heilands. Und von den beiden Händen gilt auch hier – wie es in der Bibel heißt –, daß die Rechte nicht wissen soll, was die Linke tut. Wenn man noch bemerkt, daß der äbtliche Mittelflügel über die Bibliothek als Querflügel mit dem Mönchsbau und seinen Zellen sowie dem Kreuzgang im Erdgeschoß verbunden ist, dann kann man resümieren: In dieser wohlgeplanten Anlage steht westlich für weltlich und östlich für geistig und geistlich. Doch damit das alles nicht im rein Spekulativen bleibt, wird es im Süden von der Ökonomie ergänzt: den großzügig bemessenen Ställen, Werkstätten und Scheunen.

Beim Eintritt in die Kirche bietet sich die nächste Überraschung: Überaus hell, weit und strahlend präsentiert sich der Innenraum. Tatsächlich hat der viel beschäftigte Architekt Johann Michael Fischer hier um drei Kuppeln herum seinen prächtigsten Zentralraum entworfen. Diese drei Kuppeln reflektieren die göttliche Dreifaltigkeit, freilich auch ein wenig den grundsteinlegenden Bauherrn Abt Rupert Neß, der drei Ringe als persönliches Wappen führte. Diese lichtdurchflutete Zentralräumlichkeit steht in großer Spannung zu Fischers kurz zuvor vollendetem Projekt in Zwiefalten. Fanden wir dort einen ausgesprochen längsbetonten Bau, der im Vergleich zu Ottobeuren weit weniger hoch wirkt, so entwickelt sich hier eine lichte Weite, die man selbst dann kaum geahnt hätte, wenn man von außen auf die weit ins Dach hineinstoßende Zentralkuppel geachtet hätte.

Der Vergleich mit dem ebenfalls benediktinischen Zwiefalten stellt sich auch deshalb ein, weil neben dem Planzeichner auch wichtige Künstler an der Innenausstattung beider Bauten mitwirkten. Johann Michael Feuchtmaier aus Augsburg steht für den Stuck, Joseph Christian aus Riedlingen für Altäre, Stuckfiguren und Chorgestühl. Anderes gilt für die Freskierung. Denn im Jahre 1760 ruhte Franz Joseph Spiegler schon drei Jahre in seiner gestifteten Grabkapelle in St. Johann zu Konstanz. Hier in der Ottobeurer Klosterkirche setzen die Tiroler Brüder Franz Anton und Johann Jakob Zeiller aus Reutte jenen zeitgenössischen Stil fort, der alles in einer strahlenden, ja geradezu himmlischen Helligkeit erglänzen läßt, freilich ohne die mystisch-dynamische Tiefgründigkeit Spieglers, der 35 Jahre zuvor in den hiesigen Konventgebäuden seine ersten Fresken geschaffen hatte.

Den Auftakt zur optischen Deckenöffnung mittels Pinsel und Kalkfarbe bildet das Turm- und Eingangsjoch. In typisch barocker Geschichtstheologie zeigt sich hier an der Kirchendecke die eigene Klostergeschichte

DER ERZENGEL MICHAEL

als glanzvolles und glaubwürdiges Beispiel der allgemeinen christlichen Heilsgeschichte: In der Bildmitte die Grundsteinlegung anno 764 durch das Gaugrafenpaar Silach und Erminwit, umgeben von Sohn und erstem Abt, dem seligen Toto, sowie König Pippin. Läßt schon der frühmittelalterliche Name auf „-beuren" ein hohes Alter des Klosters erwarten, so verkündet diese Szene dem genauen Betrachter für unsere Gegend weit mehr: Das Kloster hat sich die soeben staunend betretene Kirche selbst als Geschenk zum tausendsten Geburtstag errichtet! Was das heißt, mag etwa daran ermessen werden, daß das Stift demnach älter war als das erst unter Pippins Sohn Karl gegründete Reich. Zwar wurde auch dieses Reichstift bei der Säkularisation 1802/03 aufgehoben, doch beließ die nun zuständige bayerische Regierung die verbliebenen Mönche im Kloster, bis König Ludwig I. 1834/35 zur Neugründung zunächst als Priorat von St. Stephan in Augsburg schritt. Damit kann die Abtei im Allgäu unter den noch heute aktiven Klöstern mit Abstand auf die längste Geschichte zurückblicken. Fast könnte man meinen, der Auftrag gebende Abt Anselm Erb habe solches geahnt, als er in einer zweiten Reihe im goldgerahmten Fresko weitere bedeutende Persönlichkeiten aus der Geschichte des Klosters in unterschiedlicher Funktion darstellen ließ: den die Pontifikalien verleihenden Papst Innozenz III. neben dem die Stiftung bestätigenden Kaiser Karl dem Großen (Confirmatio), dessen Ottobeuren reich beschenkende Gattin Hildegard (Donatio) und Kaiser Otto I., wie er dem heiligen Ulrich als Bischof von Augsburg die Befreiung von allen Dienstbarkeiten (Exemptio) überreicht. Mit Ulrichs Freund und Amtskollegen in Konstanz, dem Heiligen Konrad, ist auch das damals mächtige Welfengeschlecht vertreten, dessen Wappenschild mit den drei schwarzen Löwen auf goldenem Grund stark ins Auge fällt und bis heute im bayerischen Wappentier weiterlebt. Schließlich erscheint unter dieser Gruppe kniend der im Rufe der Heiligkeit verstorbene Bauabt Rupert Neß, der, von Engeln umgeben, wohlgefällig die über den Dargestellten erscheinende Barockkirche betrachtet.

Die theologischen Themen werden in den Fresken der Deckenkuppeln fortgesetzt mit einem um die Himmelfahrt Benedikts gruppierten sogenannten „Benediktinerhimmel" als einer zur Nachfolge ermutigenden Heerschau verdienstvoller Ordensvorgänger. Darauf – zentral in der großen Vierungskuppel – das erst die Kirche konstituierende Pfingstwunder. Und schließlich über dem Mönchschor die Engelkuppel mit dem Sieg Michaels als dem Guten über das Böse in der Gestalt Luzifers.

Dieser Bilderzyklus mündet im Hochaltarblatt mit der Verherrlichung der göttlichen Dreifaltigkeit, der Ottobeuren traditionell besonders zugewandt ist. Derart vom gemalten Himmel wieder auf den Boden zurückgeführt, kann sich das Auge über den am Kreuzaltar aufgerichteten romanischen Christkönig mit den späteren Stuckfiguren des Riedlingers Johann Joseph Christian im ganzen Kirchenraum beschäftigen. Es sollen allein weit über tausend große und kleine Engel in diesem Thronsaal Gottes unterwegs sein. Als besondere Höhepunkte der Figurbildnerei dürfen die vier großen Figuren über den Eckaltären an der Vierung gelten. Sie zeigen von links vorne im Uhrzeigersinn den Erzengel Michael, den Schutzengel, Johannes den Täufer und den heiligen Joseph.

Wer nach dem Rundgang oder gar einer Hörprobe der barocken Chororgeln noch aufnahmefähig ist, sollte sich einen Besuch im heutigen Klostermuseum nicht entgehen lassen. Dazu passiert man die im Nordwestflügel gelegene Klosterpforte, wendet sich nach links und ersteigt eine Treppe bis zum Kassenhäuschen. Das bescheidene Eintrittsgeld lohnt sich allemal, denn damit kann man den als Abtsresidenz bezeichneten Mittelbau mitsamt dem nördlichen Gästeflügel einschließlich Kaiser- und Theatersaal besuchen und auf diese Weise eine heute noch beeindruckende Flucht von Räumen in weitgehend zeitgenössischem Ambiente nacherleben, wie es war, wenn einem in Barockzeiten eine Audienz beim Herrn Reichsabt gewährt wurde.

Kunstgeschichtlich sei noch darauf hingewiesen, daß die hier zu sehenden Deckenfresken – beginnend mit der Ausmalung der ebenerdigen Benediktskapelle 1725 – eine Novität darstellten. Hier hat Jacobo Amigoni mit der römischen Tradition der schweren barocken Scheinarchitektur als Bildhintergrund gebrochen zugunsten der venezianisch geprägten Darstellung eines niedrigen Rundumhorizontes mit einem hellen Himmel in der Bildmitte, von dem sich die Figuren abheben im Lichte der wasserspiegelnden Lagunenstadt. Johann Baptist Zimmermann und Franz Joseph Spiegler haben dem Italiener hier über die Schulter geschaut – mit sichtbarem Erfolg!

Vom Schöpfer des Steinhausener Marienhimmels gibt es vor dem Aufgang zur Abtsstiege noch eine meist übersehene Kostbarkeit aus seiner Frühzeit: zwei wunderbare Seitenaltärchen für die Karthause Buxheim, 1718 geschaffen.

PUTTO AM JOSEFSALTAR

STATION 12
Wangen und Isny
In der guten Stube des Allgäus

Wangen

Mit Wangen und Isny begeben wir uns nach zwei vollständig im Barockstil erbauten Klöstern wieder in zwei einstige Reichsstädte. Von der Geschichte her wird man hier also vorwiegend mit älterer Bausubstanz rechnen. Doch anders als in Biberach, Ravensburg oder gar Ulm hat sich der Barock bei den Allgäustädten sichtbarer dazugesellt. Das zeigt sich sowohl bei der Anreise an der Stadtsilhouette als auch beim Spazieren in den Altstadtgassen. Hauptgründe sind vor allem große Stadtbrände wie etwa der von Isny 1631 im Dreißigjährigen Krieg und danach eine stark geänderte Wirtschaftsform, die mit einem neuen Wohlstand auch neue Ausdrucksformen suchte. Letzteres wird besonders in Wangen deutlich. Im 9. Jahrhundert entstanden als Verwaltungsmittelpunkt verschiedener Güter St. Gallens, versah das Kloster die Siedlung im Schnittpunkt zweier Landstraßen im 12. Jahrhundert mit einem Markt und einer Martinskirche. Der Stauferkaiser Friedrich II. in seiner Funktion als Klostervogt erhob Wangen zur Stadt und ließ es befestigen. 1347 konnte es sich durch Freikauf vom Kloster endgültig zur Reichsstadt erheben. Die folgende Blütezeit begegnet heute noch in der Gestalt von Tortürmen und erhaltenen Abschnitten der Stadtmauer – etwa entlang der Argen. Quellen des Wohlstands waren der weitreichende Handel mit oberschwäbischer Leinwand und besonders mit hier geschmiedeten Sensen. Aus diesem Grund galt Wangen lange als „des heiligen römischen Reiches Segessen-Schmiede". Nach dem Dreißigjährigen Krieg waren Handelsbeziehungen und Wohlstand verloren, und so wandten sich die Wangener Bürger wohl oder übel wieder vermehrt der Landwirtschaft zu. Die Historiker sprechen von Ackerbürgertum. Daß es die Wangener auch dabei zu etwas brachten, zeigt ein kleiner Stadtrundgang.

Das Lindauer Tor mit seinem erhaltenen Vorbau bietet einen stilvollen Auftakt. Im Durchgang grüßt schon die hell renovierte Martinskirche mit ihren gotischen Spitzbogenfenstern. Im Äußeren wurde lediglich das

„SAU-DONE"-BRUNNEN IN WANGEN

Turmdach nach einem Blitzschlag in der Barockzeit in Form eines zweifach gewölbten Vierkants dem damaligen Zeitgeschmack angepaßt. Das Rathaus daneben wurde um so gründlicher umgestaltet. Der prächtigen Westfassade ist der gotische Kern nicht mehr anzusehen. Bei einer Innenbesichtigung ist neben anderem die wunderbar detailreiche Landtafel des hiesigen Kartographen Andreas Rauch mit der Vogelschau seiner Stadt anno 1611 zu sehen. Direkt angebaut das turmuhrgekrönte „Ratloch" als Durchgang zur Unterstadt. Links daneben ein echtes Renaissance-Palais für die Patrizierfamilie Hinderofen, einst Mitglied der Großen Ravensburger Handelsgesellschaft und heute Behördensitz.

Wenden wir uns noch weiter nach links, so eröffnet sich ein bildhübscher Blick die Herrenstraße hinauf bis zum abschließenden Ravensburger Tor in seiner reichen Renaissance. Gesäumt ist diese Keimzelle der Stadt von stattlichen Patrizierhäusern mit schmiedeeisernen Hausschildern. Wenn dann auch noch die Allgäusonne lacht und die Lokale Tische und Stühle hinausstellen, ist das Ensemble so verlockend, daß man gern den alten Spruch bestätigt: „In Wangen bleibt man hangen ...". Vielleicht läßt man sich gegenüber dem von Franz Anton Bagnato errichteten Ritterhaus des einstigen Kantons Allgäu-Bodensee mit seiner edlen klassizistischen Fassade nieder. Danach streifen wir ostwärts auf Pflastersträßchen ins Zunftviertel und landen am malerisch an die Stadtmauer angelehnten Heimatmuseum „Eselmühle". Seine frühere Funktion ist am intakten Mühlrad an der Ostseite erkennbar. Innen finden sich unter vielerlei Zeugen vergangenen Lebens auch einige Preziosen des Barock. Etwa ein ganz frühes Tafelbild der „Maria vom Siege" von Franz Joseph Spiegler nach dem Muster der „Schönen Madonna" von Wessobrunn. Mittelalter- und Literaturfreunde können auf dem erhaltenen Wehrgang der Mauer zum Eichendorff- und zum Gustav-Freytag-Museum gehen, oder gar noch weiter in die vom Mittelalter unversehrt überkommene Badstube. Barockfreunde passieren an der Spitalstraße das Geburtshaus Spieglers mit einer steinernen Gedenktafel für den unerreichten und lange verkannten Schöpfer des Zwiefaltener Freskenzyklus, um dann gleich gegenüber die Kapelle des Spitals zu besuchen mit ihrer reichhaltigen Barockausstattung. Religiös bedeutend ist der sogenannte „Geißelheiland".

Beim Aufstieg zurück durchs Ratloch wird einem der Höhenunterschied zwischen der Handwerkerstadt am Argenufer und der patrizischen Oberstadt entlang des alten Handelsweges bewußt. Nun ist ein Besuch der beiden Stadtteilen gemeinsamen Pfarrkirche St. Martin fällig. Auch in ihr gibt es – ganz im Gegensatz zum Urteil eines verbreiteten Kunstreiseführers – sehenswerte Kunstwerke von der Gotik über das Barock bis zum Historismus der Wende vom 19. zum 20. Jahrhundert. So schuf der akademische Maler Gebhard Fugel aus Ravensburg an der Schiffsdecke einen stimmungsvollen Martinszyklus und am Triumphbogen ein Allerheiligenbild in Temperatechnik, das ältere Besucher an die jahrzehntelang im Religionsunterricht benutzten großen Kartonbilder des seinerzeit hochgeachteten Kunstprofessors erinnern wird. Derart geistlich gestärkt, treffen wir in Richtung Lindauer Tor wieder auf die Paradiesstraße und sollten im eigensten Interesse der Hausnummer 3 unsere Referenz erweisen. Es handelt sich um eine Wangener Attraktion, wegen der manche von sehr weit her kommen: den „Fidelisbäck"! Eine Bäckerei und Gastwirtschaft, die berühmt ist für ihren Leberkäs und die unvergleichlich kernigen „Seelen". Eine echte Sehenswürdigkeit wenige Meter westlich der Altstadt ist die Rochuskapelle auf dem Alten Friedhof. 15 von Hans Zürn d. J. wundervoll geschnitzte Rosenkranzmedaillons umkränzen eine Immaculata-Figur, beide aus dem frühbarocken 17. Jahrhundert. Kurz vorher wurde die Bemalung der Holzkassettendecke vollendet, die das Gesamtwerk des Evangelisten Lukas von der Kindheit Jesu bis zur Mission von Petrus und Paulus illustriert. Die Grabmäler einiger Patrizier erinnern dagegen an jene Vorfahren, die einst die schönen Häuser entlang der Herrenstraße erbauen ließen.

Isny

Was für einen reizenden Anblick bietet das Allgäustädtchen schon aus der Ferne! Inmitten saftiger Wiesen und überragt vom Höhenzug des Schwarzen Grates, grüßt Isny mit seinen verschiedenen Türmen, die aus dem baumgesäumten Stadtrand herauswachsen, schon von weitem den Reisenden.
Den stärksten Eindruck von der einstigen Stadtbefestigung gewinnt der heutige Besucher beim Eintritt in die Altstadt von Norden her, aus Richtung Leutkirch. Hier hat das Wassertor seine wehrhafte Gestalt bewahrt, und durch den Anstieg der engen Tordurchfahrt fühlt man sich sehr an eine Burg erinnert. Schließlich stammt der politisch und juristisch heute weit verbreitete Begriff „Bürger" daher, daß die Menschen hinter ihrer Mauer wie in einer Burg geschützt waren, woraus ihnen im Unterschied zu den Bewohnern des offenen Landes gewisse Rechte und Freiheiten, aber auch Pflichten erwuchsen, denen sie je nach ihren Fähigkeiten zu entsprechen hatten. So ist von einer Anzahl früher befestigter Städte über-

MÜHLE AM STADT-
PARK IN ISNY

liefert, auf welchen als besonders gefährdet geltenden Mauerabschnitten die Metzger Dienst taten und an welchen die Schneider und Schulmeister, vielleicht eher nadelstichartig, ihre Stadt verteidigen sollten.

Nach der Torpassage wird der anschauliche Geschichtsunterricht vor Ort gleich fortgesetzt. Wir bekommen die jahrhundertelange Konkurrenzsituation der beiden Kirchen seit der Glaubensspaltung exemplarisch vor Augen gestellt. Gleich an die Stadtbefestigung angebaut erhebt sich die gotische Nikolaikirche. Lediglich die Turmspitze erhielt nach einem Brand ihre frühbarocke Kuppelhaube. Im Inneren kamen aus demselben Stil hinzu die figurengeschmückte Holzkanzel und der mit der Taufe im Jordan reichverzierte Taufsteindeckel. Ansonsten wirkt die dreischiffige Basilika mit ihren hölzernen Flachdecken in den Schiffen und dem Netzgewölbechor schlicht. Schließlich wurde die einstige Pfarrkirche des benachbarten Benediktinerklosters im Jahre 1531 evangelisch. Zwar birgt sie noch ein besonderes Schmuckstück, aber das bleibt den meisten Augen verborgen: eine im 15. Jahrhundert gestiftete Büchersammlung für die qualifizierte Vorbereitung des Hauptpredigers. Diese im Obergeschoß der Sakristei gelegene Prädikantenbibliothek ist eine der wenigen erhaltenen Kirchenbibliotheken jener Zeit und zählt etwa 1800 Handschriften und Drucke des 12.–18. Jahrhunderts!

Wer nun die Nikolaikirche mit ihrem gedämpften Licht, dem stilvollen Ernst und der Konzentration auf die Gnade vermittelnden Orte Taufstein und Kanzel sowie den nur von der geöffneten Bibel gekennzeichnetem Altartisch verläßt, steht draußen direkt vor der konfessionellen Alternative: der ebenfalls geosteten, also parallelstehenden katholischen St. Georgskirche. Von außen eine frühbarocke, pilastergegliederte Giebelfassade, die vom Kirchturm mit rundlich geschwelltem Turmhelm überragt wird. Doch beim Eintritt öffnet sich ein strahlendes Himmelreich des Rokoko!

Die Überraschung läßt sich historisch erklären: Isny ist im 11. Jahrhundert als Marktflecken von den Grafen von Altshausen-Veringen gegründet worden. 1096 versah es der regierende Bruder des auf der Reichenau berühmt gewordenen Hermann des Lahmen mit einem Kloster. Im 13. Jahrhundert erhielt es Mauerring und Stadtrecht. Lange an die Herren von Waldburg verpfändet, kann es sich 1365 zur jüngsten Freien Reichsstadt Oberschwabens freikaufen. Ausgerechnet über die von einem Konstanzer Domherrn gestiftete Stelle eines besonders gebildeten Predigers, eben des Prädikanten, dringt die Reformation ein, und zwar besonders, als die Stelle 1532 mit Ambrosius Blarer, dem schon erwähnten Bruder des Ochsenhausener Reichsabts, besetzt wird.

Nun wird aus der Stadtkirche St. Nikolaus die evangelische Pfarrkirche; die Katholiken besuchen die Gottesdienste in St. Georg bei den Benediktinern. Diese Kirche brennt jedoch beim Stadtbrand von 1631 völlig ab und wird nach Ende des Krieges von Guilio Barbieri neu erbaut. Die heutige Ausstattung erfolgte fast ein Jahrhundert später im Rokoko-Stil; sie überwältigt den Eintretenden mit ihrer Gesamtwirkung: Extrem schlanke und sich dazu noch verjüngende Stuckpfeiler gliedern die dreischiffige Hallenkirche. Das Licht der hohen Außenfenster bricht sich an ihnen und beleuchtet die großflächigen Fresken des Michael Holzhey in rocaillebesetzten Goldrahmen des Stukkateurs Georg Gigl. Dunkler Gegenpol zu den strahlend hellen Schiffen ist das Kreuzigungsbild des frühbarocken Memmingers Johann Heiß von 1690 in der rotmarmornen Fassung des theatralischen Hochaltares. Ein barockes Kabinettstückchen sollte nicht übersehen werden: die im ehemaligen Klostertrakt südwärts anschließende Marienkapelle. Sie ist öffentlich zugänglich – wenn man den Weg kennt. Man muß die Stufen zum Chor ersteigen und eine letzte Schwelle überwinden, die vom Hochaltar her zum Chorgestühl führt, um dann zwischen diesem nach rechts durch eine Tür in einen kurzen Gang abzubiegen. Bald öffnet sich nach links ein frühbarocker Raum mit hübsch bemalter Holzdecke, Chorgestühl und einem zierlichen Marienaltar.

Wer hier etwas verweilt hat und zum ehemaligen Klosterhof mit bemerkenswertem Schmiedeeisengitter hinausgegangen ist, hat nun einen beispielhaften Eindruck gewonnen von den verschiedenen Mitteln, mit denen die konkurrierenden Kirchen der Barockzeit um die Seelen kämpften: Hier die an alle Sinne sich wendende römische und gleich gegenüber die rational, gebildet und nüchtern sich präsentierende protestantische Kirche.

Beim weiteren Stadtgang gibt es noch ein weiteres Barock zu entdecken – das bürgerliche. Besonders schön erhalten hat es sich am Gebäudekomplex der Patrizierfamilie Albrecht, der nach der Zerstörung des alten Rathauses zum neuen erkoren wurde. An das alte Rathaus erinnert nur dessen stehengebliebener Turm, der als schlanker Blaserturm Isnys Mittelpunkt markiert. Das jetzige Rathaus liegt nur einen Steinwurf entfernt, wo die Straßen zum Wassertor und zum Espantor sich gabeln. Mehrere prächtig im Renaissance- und Barockstil ausgestattete Räume rechtfertigen einen Besuch, aber das Glanzstück mit dem Fenstererker und dem Fayenceofen mit Motiven aus der Jakobsgeschichte auf den blau und gelb dekorierten Kacheln befindet sich im heutigen Sitzungssaal.

Vor oder bei der Weiterfahrt lohnt auch ein Besuch der östlich vor der Stadt liegenden Gottesackerkapelle St. Joseph, der eine großartige Akustik nachgesagt wird. Ihr Grundriß ist oval und das Innere von Franz Anton Dick im Rokokostil illusionistisch ausgemalt einschließlich Altären und Architekturteilen – eine späte Blüte des von den Kunsthistorikern sogenannten Trompe-l'Œil.

EHEMALIGES KLOSTERTOR

STATION 13
Tettnang
Repräsentation bis zum Ruin.
Die Dialektik einer Residenz

Bislang begegneten wir auf unseren Streifzügen entlang der Oberschwäbischen Barockstraße nur Klöstern. Sie waren geistliche Residenzen zwischen den Dörfern und Städten. Doch es gab zwischen Donau und Bodensee natürlich auch Domizile des Adels, so etwa der Waldburger mit ihren verschiedenen Linien, der Stadion, Quadt und Königsegg und des Deutschen Ordens mit der Residenz der Ballei Elsaß-Burgund in Altshausen. Diese gesellschaftliche Elite stellte sich im 18. Jahrhundert zeitgemäß dar – und das bedeutet: in Pose, mit einem gewissen Hang zur Theatralik. Kaum irgendwo ist dies besser zu sehen als beim Tettnanger Schloß. Beherrschend steht die Vierflügelanlage auf der ersten bedeutenden Erhebung nördlich des schwäbischen Bodenseeufers und des Schussenbeckens. Man kann sie schwerlich übersehen im Straßenkreuz zwischen Friedrichshafen, Wangen, Ravensburg und Lindau.

Doch obwohl das Schloß vor lauter Schaustellung gewiß nicht Rücksicht aufs Landschaftsbild nehmen will – es paßt doch wunderschön in die Umgebung. Vielleicht liegt es daran, daß seine vier über 45 Grad gestellten Ecktürme ausgreifend aus dem Bauwerk hervorragen, als wollten sie das ganze Gebäude für alle Ewigkeit im oberschwäbischen Erdreich verankern. Dazu das Dach: Trotz der einfachen geometrischen Form eines viereckigen Grundrisses und der allgegenwärtigen Symmetrie entfaltet sich da eine differenzierte, wohlproportionierte Dachlandschaft, die zumindest in der aus schrägem Blickwinkel verkürzenden Betrachtung auf einen Gebäudeflügel an die gestuften Fontänen von Springbrunnen denken läßt. Und solche dürfte es sicherlich auch gegeben haben im Garten, der sich in östlicher Richtung an den repräsentativen Bau anschloß, und vielleicht auch in den Anlagen vor dem Schloß!

Wo auch immer: Solche Wasserfontänen dürften der Vorderseite des Schlosses, die als Schauseite gedacht war, gut zu Gesicht gestanden haben. Hervorgehoben wird diese aber auch noch auf andere Weise. Nur hier nämlich gestattet sich der Bau einen kleinen Vortritt in der langen, geraden Front. Fünf der jeweils dreizehn Fensterachsen ragen ein kleines Stück hervor. All das erinnert ein wenig an das gemessen-strenge barocke Empfangszeremoniell, so wie ja auch die Pförtnerhäuser weit vor der Frontauffahrt wie Domestiken wirken, die gerade, zum tiefen Bückling gebeugt, den Wagenschlag einer Kutsche öffnen. Welcher himmelweite Rangunterschied über die Stiegen und Etagen hinweg bis zum waffengezierten Wappen des gräflichen Hauses Montfort über dem Portal und noch einmal weiter oben auf dem Mittelgiebel der Paradefront!

Ob man beim Durchschreiten der Torbogen auch beachtet hat, daß hier an der Schauseite die Doppelpfeiler auf ihren niedrigen Basen ebenso wie die korinthischen Kapitelle zwischen den Fenstern des oberen Stockwerks plastisch ausgeführt sind? An der nur von Ferne sichtbaren, aber nicht weniger wirkungsvoll inszenierten Südseite hat man sich die Arbeit etwas leichter gemacht und die Gliederung der Front lediglich aufgemalt. Der Besucher hat inzwischen einen Blick in den geschlossenen Innenhof mit den in den Ecken eingebauten Treppenhäusern geworfen und ist sodann in einem davon die Stufen empor geschritten. Denn die Herrschaften wohnen natürlich in der mittleren, der sogenannten Beletage.

Unterwegs gibt es im Deckenspiegel ein Fresko zu bewundern. Anschaulich wird darin die Jagd in ihren verschiedenen Formen dargestellt. Vor allem die Sauhatz vermittelt einen sehr lebendigen Eindruck. Man sagt, der Maler Andreas Brugger (1737–1812) habe sich hier besonders angestrengt, denn der Hausherr Graf Ernst von Montfort sei ein begeisterter Jäger gewesen. Brugger war ein Schüler des berühmten Franz Anton Maulbertsch (1724–1796) und stammte wie dieser aus Langenargen, einem Montfortischen Besitztum. Brugger war bis in die ersten Jahre des 19. Jahrhunderts tätig. Er gilt als der letzte Maler des Bodenseebarocks.

Noch ein bekannter Künstler aus dem Bodenseeraum empfängt uns weiter oben im Schloß: Die Räume der Vorderseite hat der durch sein Wirken in der Wallfahrtskirche Birnau berühmt gewordene Joseph Anton Feuchtmaier stuckiert. Bemerkenswert sind seine halbplastischen antiken Götterfiguren im westlichen und die zu einem Spiegelkabinett montierten Scherben im östlichen Turm.

Der heutige Hausherr im Auftrag des Staatlichen Liegenschaftsamtes bezeichnet diese Art der Verwendung von Glas als „Recycling": Nachdem der erste Bau 1753 einem Brand zum Opfer gefallen war, konnte man beim Wiederaufbau Geld sparen, indem man die brauchbaren Überreste wiederverwendete.

Diese scheinbare Knauserigkeit fand ihre späte, wenn auch fruchtlose Rechtfertigung. Die Herrschaft geriet nämlich alsbald in ernsteste finanzielle Schwierigkeiten. Freilich sollte man über derlei kleinkarierte Aspekte nicht die unerschöpfliche Vielgestaltigkeit des Stucks und die vorzügliche Freskierung einiger Prachträume zwischen den Turmzimmern übersehen. Sogar ein Parade-Schlafzimmer für Empfänge im Bett gab es, was die Baukosten sicher nicht gerade verminderte.

Höhepunkt einer Schloßbesichtigung ist und bleibt der Bacchussaal im Südflügel. Der Raum schneidet neben der Kapelle als einziger in die Gänge ein, die sonst das ganze Schloß im Innenhof umziehen und es möglich machten, alle Räume zu passieren, ohne zu stören, und die Zimmeröfen von außen zu bedienen. Beim Betreten des Saales richten sich unwillkürlich aller Augen auf den riesendicken Weingott Bacchus auf seinem Faß, dem es im Winter auch ohne Rotwein mächtig heiß werden konnte: Sein Thron ist nämlich ein verkleideter Ofen! Beachtenswert ist hier neben den Bildnissen der beiden letzten Grafenbrüder an der Wand das Deckenfresko. Es stammt wieder von Brugger und zeigt die Aufnahme des Herakles in den Olymp nach Vollbringen der verschiedensten Heldentaten. Daß mit dem antiken Heros ganz bescheiden der jeweilige Montfort-Graf gemeint war, versteht sich von selbst.

Im Westflügel lohnt die heute als evangelische Pfarrkirche benutzte Schloßkapelle eine eingehende Besichtigung. Sie schmückt ein Deckenfresko zu Ehren des seligen Johannes von Montfort. Sein Erscheinen als Familienvorbild in der Kapelle gründet möglicherweise auf einem Irrtum: Johannes von Montfort erwarb sich zwar Verdienste als wackerer Streiter bei den Kreuzzügen vor Jerusalem, doch nach heutigem Stand der Forschung ist er mit den Tettnangern Montforts nicht in Verbindung zu bringen. Doch auch das sollte man nicht allzu eng betrachten.

Die schönste Aussicht im Tettnanger Schloß bleibt dann einem Blick aus dem Fenster vorbehalten: Wer an einem Sonnentag nach Süden schaut, der sieht über Spargelfelder, Hopfen- und Obstgärten geradewegs zum hell blinkenden Bodensee hinab und auf die matt glänzenden Silhouetten der Schweizer Berge: Das ist Barock der nobelsten Sorte – ein Gottesgarten aus gestalteter Landschaft und gewachsener Natur.

OBEN:
DIE VIERFLÜGEL-
ANLAGE VON
SCHLOSS TETTNANG

UNTEN:
DER BACCHUSSAAL

STATION 14
St. Gallen
Höhe- und Wendepunkt der Kunst- und Kulturgeschichte

Mit St. Gallen ist eine ganze Reihe von Superlativen verbunden. Chronologisch gesehen ist es die mit dem 7. Jahrhundert früheste Klostergründung. Geographisch gesehen der südlichste Punkt an der Barockstraße. Als weiterer Superlativ ist schließlich zu nennen, daß wir hier den einzigen heutigen Bischofssitz an der Barockstraße erreicht haben, weshalb die Hinweisschilder auf die ehemalige Stiftskirche auch auf „Kathedrale" lauten. Das Patrozinium St. Gallus und Otmar dagegen ist geblieben.

DER STIFTSBEZIRK IN ST. GALLEN

Das alles ist es aber nicht, was das Herz derer höher schlagen läßt, die sich St. Gallen nähern – insbesondere, wenn es Bibliophile sind –, sondern die einzigartige Bibliothek. Wie es zu ihr kam, und vor allem dazu, daß sie anders als all die anderen Klosterbibliotheken erhalten blieb, das zeigt ein Blick in die Ortsgeschichte. Und die beginnt mit der Geschichte des Christentums im Bodenseegebiet überhaupt:

Der irische Wanderabt Columban kam mit seinen Begleitern um 610 n. Chr. hierher. Eigentlich auf der Flucht von Burgund, wo er sich durch seine kompromißlose Art unbeliebt gemacht hatte und so ins heidnische Alemannien „weggelobt" worden war. Ein weiteres Indiz dafür, daß der Ire es nicht so mit Autoritäten hatte, ist die Tatsache, daß er sich nicht an das bereits existierende Bistum Konstanz wandte, sondern sozusagen direkt bei den Heiden in Bregenz landete. Der Ausdruck ist übrigens wörtlich zu verstehen, denn das Land war damals noch wild, und die ersten Missionare reisten per Ruderboot rheinaufwärts, wobei der Rheinfall und die Stromschnellen bei Lauffen über die sanfteren Nebenflüsse Aare und Limmat bzw. Linth und das Stückchen Landweg zwischen Walensee und Sargans bis zum Alpenrhein umgangen wurden.

Columban brauchte Dolmetscher wie Gallus für seine Predigt und ging danach gleich zur Zerstörung der heidnischen Kultfiguren über. Kein Wunder, daß er bald unbeliebt war und schließlich 612 Richtung Italien weiterzog. Der sanfte Gallus dagegen blieb zurück. Er zog über Arbon, wo auf den römischen Resten eine Christengemeinde existierte, in den wilden Arboner Forst. Am Ufer der Steinach errichtete er seine Holzhütte. Die Legende berichtet, ein Bär habe ihm Lebensmittel geraubt, worauf Gallus diesem befohlen habe, Feuerholz herbeizubringen. Daß der Bär dies folgsam tat, ist jedenfalls bis heute im Kantonswappen festgehalten. Da wundert es auch nicht, daß Gallus Anhänger fand und ein erstes Klösterchen gründete bei steigendem Ansehen im Lande. So etwa wird er geholt, um die Tochter des Gaugrafen Gunzo in Überlingen zu heilen. Er stirbt hochbetagt in Arbon und wird in seiner Klostergründung begraben.

Im 8. Jahrhundert liest man von einzelnen Schenkungen an das Kloster, bis 718 der Alemanne Andomar oder Otmar von Chur als Leiter berufen und das Kloster unter den Schutz des fränkischen Hausmeiers Karl Martell gestellt wird. Dieser war der Vater von König Pippin und Großvater Karls des Großen. Anno 744 führt Otmar statt der überstrengen Regel Columbans die Benediktregel ein. Während es neben Wunderheilungen auch Krankenpflege in einer eigenen Station gab, wuchsen Ruf und Schenkungsgut und mit vielen Neueintritten auch der Konvent. Die Holzkirche erhielt nun erstmals einen steinernen Chor. Unter den folgenden Äbten kamen das Schulwesen und somit auch Schreibstube und Bibliothek zu großer Blüte. Damals erhielt St. Gallen von den Mönchen der Insel Reichenau jenen Idealplan einer Klosteranlage, der unser Bild von frühmittelalterlichen Klöstern mitgeprägt hat und der als ganz große Kostbarkeit bis heute die Stiftsbibliothek ziert. Reizvoll im Zusammenhang unserer Reise ist, daß in ihm ein „Paradies" in Form einer gedeckten Säulenhalle vor der Westapsis der Kirche enthalten ist. Doch die damaligen Bauten haben auch die Ausdehnung und Ausrichtung bis hin zur heutigen Barockanlage bestimmt. Sie erstreckt sich ja seither zwischen der östlichen Columbans- und der westlichen Otmarskrypta mit dessen auf wunderbare Weise von der Insel Werd bei Stein am Rhein zurückgeholten Gebeinen.

DER ST.GALLER KLOSTERPLAN

Die Baugeschichte dieses barocken St. Gallen entspricht weitgehend jener der anderen großen Stifte an der Barockstraße: Bereits Anfang des 18. Jahrhunderts genügten die in langer Zeit gewachsenen und ineinander verschachtelten, größtenteils gotischen Gebäude weder Fürstabt noch Konvent. Doch erst ab 1749 wurden unter Coelestin II. frühere Pläne des Einsiedler Klosterbaumeisters Caspar Moosbrugger von den damals führenden Architekten am Bodensee im aktuellen Zeitgeschmack revidiert: Johann Caspar Bagnato und dann vor allem Peter Thumb. Dieser

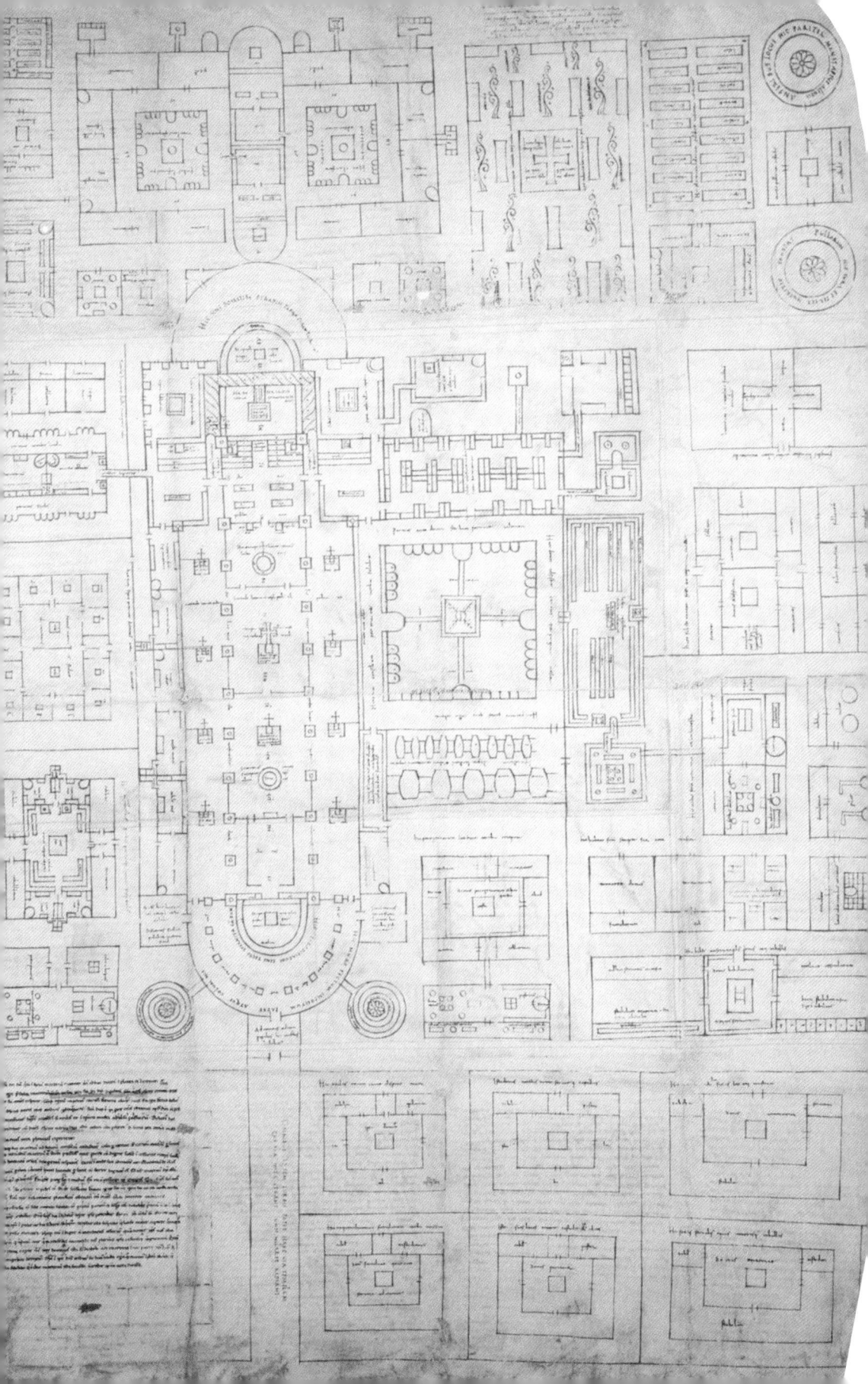

errichtet zunächst, anschließend an den bestehenden gotischen Chor, die groß dimensionierte Rotunde und westwärts das Langhaus bis über die Otmarskrypta. Die Innenausstattung übernimmt Christian Wenzinger aus Freiburg. Sein dortiges Wohnhaus am südlichen Münsterplatz kündet noch heute von Ansehen und Erfolg. Der beruhte nicht zuletzt auf seinem Talent, begabte Mitarbeiter zu gewinnen und in ein Gesamtkunstwerk zu integrieren. Zu nennen sind hier zunächst für den Stuck die Wessobrunner Gebrüder Gigl, Fidelis Sporer aus Weingarten als Altarbauer und der Freskant Josef Wannenmacher aus dem Ulmer Raum.

1760 schloß sich der Konvent dem Willen des Abtes zur völligen Barockisierung an, also dem Ersatz des gotischen Chores mit seinem einen Turm durch einen barocken mit einer östlichen Doppelturmfassade. Aus Altersgründen ging die Bauleitung von Thumb an Michael Beer und seinen Neffen Ferdinand über und verblieb somit innerhalb der beiden eng versippten Hauptfamilien der Vorarlberger Baumeister. Bei der Feingestaltung besonders im plastischen Bereich kam in dieser Phase der berühmte Joseph Anton Feuchtmaier mit seiner Werkstatt hinzu. Die Innenausstattung wurde trotzdem teilweise erst im 19. Jahrhundert vollendet. Die jüngste

DER CHORRAUM MIT FEUCHT-MAIERS CHORGE-STÜHL

Restaurierung der Jahre 1962–65 versuchte den Zustand des 18. Jahrhunderts wiederherzustellen.

Bei der Raumwirkung ist in St. Gallen mehr als anderswo zwischen Innen und Außen zu unterscheiden. Wer sich durch die engbebauten Häuserzeilen der Innenstadt nähert, ist zunächst von der Länge des Baukörpers beeindruckt, die von den unbebauten Rasenflächen noch betont wird. Dann führt die relative Schlichtheit der aneinandergereihten Fensterachsen von Schiff, Rotunde und Chor fast zwangsweise zur Betrachtung der reich gegliederten Ostfassade. Sie ist mit ihren fast völlig in den Chor eingezogenen Doppeltürmen alleine in Sichtsandstein ausgeführt und wirkt bei aller Größe feingliedrig und schlank – ein deutlicher Unterschied etwa zu den auf Breite angelegten Fronten von Einsiedeln oder Weingarten mit ihren ausgestellten Türmen. Der eher filigrane Eindruck wird noch unterstrichen von der reichen Bauplastik im Giebel über den korinthischen Dreiviertelsäulen, die dann vollplastisch im originellen Fassadentürmchen ausläuft. Nachweisbar hat bei dieser Gestaltung der damals im Bodenseegebiet hoch angesehene Feuchtmaier Einfluß genommen. Seine Marienkrönung im Giebel freilich mußte inzwischen ersetzt werden. Diese östliche Schauseite wendet sich zwar zu der vom mächtigen Mittelrisalit gekennzeichneten Neuen Pfalz als Sitz des Abtes, birgt aber nicht wie sonst bei Kirchen üblich den Haupteingang. Er würde ja in den sogenannten Engelchor hinter dem Hochaltar führen. Statt dessen findet sich der Haupteingang auf der Nordseite in der Mittelachse der Rotunde. Er ist unterhalb der Fensterebene von Säulen gerahmt und trägt auf seinem Gesims das plastische Brustbild des Salvators. Hoch darüber im Giebel das vierteilige Wappen des Bauherrn, Fürstabt Coelestins II. Gugger von Staudach.

Hat bei der Annäherung an die heutige Kathedrale die Länge von weit über einhundert Metern beeindruckt, so ist es im Inneren die lichte Weite. Die Rotunde mißt nahezu vierzig Meter und vermittelt das Gefühl, daß sich die Helligkeit aus 16 Fensterachsen in ihr sammelt. Unterstützt wird dieser Eindruck besonders von zwei Faktoren: Gegenüber den in der ersten Jahrhunderthälfte dominierenden Wandpfeilerkirchen des Vorarlberger Bauschemas sind diese Tragelemente hier so schlank wie möglich gehalten. Selbst die Vierungspfeiler unter der ins Dach eingezogenen Hauptkuppel kommen mit relativ wenig Standfläche aus und gewähren so den Eindruck von Weite. Dazu tritt der Verzicht auf Emporen in den Seitenschiffen mit der Folge, daß das Licht aus den bis zum Dachansatz reichenden Fenstern ungeteilt in den Raum dringt.

Solange man in der Rotunde steht, dominiert der Aspekt des Zentralbaues völlig. Dies um so mehr, als das Farbkonzept den Blick nach oben führt. Vom natursteinernen Boden über das warme Naturholz der Bänke und das Reinweiß der Pfeilerschäfte steigert sich die Koloratur über die malachitgrünen Kapitelle und Rocaillen zu den rotgoldenen Fassungen der Gurtbögen. Ihnen folgen die meist dunkelwolkigen Hintergründe der Fresken, vor denen die Heiligengruppen ins Licht gesetzt agieren. In der Zentralkuppel der Rotunde lautet das Generalthema „Die Heiligen im Paradies". Gezeigt werden jene Vorbilder im Glauben mit ihren jeweiligen Tugenden. In der Tiefe der Bildmitte leuchtet die Heiligste Dreifaltigkeit auf.

Widerstehen wir zunächst der Verlockung, die von einem Blick durch das reichverzierte Chorgitter ausgeht, und wenden uns westwärts ins Schiff. Hier tritt nun die andere Seite des Grundrisses ins Bewußtsein: der Aspekt des Längsbaues, obwohl dieser Westteil der Kirche von der Rotunde aus gesehen sogar um ein Joch kürzer ist als der Ostteil. Doch der freie, von keinen Einbauten unterbrochene Durchblick auch durch die in Kapitellhöhe ansteigenden Durchgänge der Seitenschiffe verstärkt hier den Längscharakter der Architektur. In der Abfolge der Flachkuppeln sind in den Fresken hintereinander die heiligen Gallus, Othmar und Maria dargestellt mit Cäcilia als Patronin der Musik an der orgelbestückten Westempore. Treppen führen in die Westkrypta mit der Gruft des heiligen Othmar hinab. Ihre Decke ruht auf vier Säulen mit romanischen Rollwerkkapitellen. Als weitere Rarität findet sich hier der Pergamentornat von 1685 mit zum Teil bis heute noch nicht erforschten theologisch-emblematischen Kleinstbeschriftungen. Er erinnert an die in St. Gallen unverzichtbare Bibliotheksbesichtigung. Doch vorher lohnt es sich, beim Zurückgehen zur Rotunde auf die plastische Ausstattung des Schiffs zu achten, etwa auf die sehr abwechslungsreich geschnitzten Bankdoggen des Fidelis Sporer oder die schwungvollen Beichtstühle Feuchtmaiers mit ihren an die Birnau gemahnenden Putten. Ihre Aufbauten sind nicht mehr streng symmetrisch – ein typisches Kennzeichen des Rokoko. Weiterhin weisen die sonst in Natur gehaltenen Beichtstühle mit ihren weiß-gold gefaßten Reliefbildern eine Besonderheit auf – und einen Bezug zum Chorgestühl, bei dem diese gleich gefaßten Reliefs im Rücken der Mönche als Dorsale bezeichnet werden. Während die Reliefs an den Beichtstühlen neutestamentliche Stellen zum Bußsakrament aufweisen, sind es im Chorgestühl Szenen aus dem Leben des hl. Benedikt. Aus der gleichen Werkstatt unter dem Nachfolger Franz Anton Dirr stammt auch die reich mit

DER PRÄCHTIGE BIBLIOTHEKSSAAL

Figuren ausgestattete, aber im Unterschied zu Feuchtmaier, auffällig ruhige Kanzel.

Zur Betrachtung des Ostchores muß man sich einer Führung anschließen, die hinter das sonst verschlossene Chorgitter führt. Die Kuppelfresken sind dem apokalyptischen Lamm, dem Alten Bund sowie Christus als dem Begründer des Neuen Bundes gewidmet. Darunter präsentieren sich zuerst die vier Rotundenaltäre von Fidelis Sporer. Von Nord nach Süd sind sie geweiht dem hl. Othmar, dem Heiligen Kreuz, Maria und Gallus. Bemerkenswert sind bei den Figuren die etwa gegenüber Feuchtmaier schlankeren, feineren Engel Sporers, die sogleich an Weingarten, Schussenried und später Gebweiler erinnern. Das nächste Joch ist vom Chorgestühl mit den in seinen beiden Seiten integrierten Chororgeln ausgefüllt. 84 Sitze zeigen die Blüte des Klosters im 18. Jahrhundert! Dazu folgen noch die Sitze für Abt und Prior oder Dekan, die heute Bischof und Zelebrant dienen. Den optischen Abschluß des Chores bildet der wuchtige Hochaltar von 1810, der zwei schwarze Stuckmarmorsäulen in die volle Breite der Ostapsis ausstellt, während die beiden inneren das monumentale Ölbild von Mariä Himmelfahrt des Francesco Romanelli aus Viterbo umrahmen. Über ihm halten zwei große ockerfarbene Sporerengel die Reifkrone für die Himmelskönigin.

Natürlich gäbe es noch manch Schönes zu sehen im Ostchor oder auch Historisches wie etwa das uralte Gallusglöcklein. Doch für die Bibliothek sollte auch noch genug Zeit sein. Sie befindet sich südwestlich der Kirche, und der Eingang ist im Mittelrisalit des Südflügels zu finden.

Der erste Vorgängerbau des heutigen Barockbaues wurde um 1551 unter Abt Diethelm Blarer errichtet. Der Prälat aus der mehrfach begegnenden Konstanzer Patrizierfamilie, die weltlich den Titel „von Wartegg" führte, konnte die Reformation überwinden – nach Vertreibung und Rückkehr infolge der Schlacht von Kappel 1532.

Weil er seinen ehemaligen Gegnern verzieh, wird er im Flur des zweiten Stockes unter den Bildnissen von acht nachreformatorischen Äbten unter dem Titel „Diethelm Magnanimus", also der Großmütige, dargestellt. In diesem Vorraum ist noch ein Bild besonders beachtenswert, weil es einen exemplarischen Eindruck vermittelt vom allegorischen Denken des Barock. Der lateinische Titel heißt zu deutsch: „Zwölffacher himmlischer Segen auf das Kloster St. Gallen". Biblische und historische Personen in einer Säulenarchitektur über einer Gesamtansicht vor dem Bau der Barockkirche bringen in Spruchbändern die Dankbarkeit für zwölf Jahrhunderte klösterlichen Lebens zum Ausdruck.

Am westlichen Ende des Ganges erwartet uns das unter Buchliebhabern berühmte Portal mit der griechischen Überschrift, die mit „Seelenapotheke" übersetzt werden kann. Wer sie nach der Entrichtung des Eintritts und dem Überstülpen der Filzpantoffeln durchschreitet, steht in einer zweistöckigen Wandpfeilerhalle mit vier Jochen. Die nur mäßig vortretenden Wandpfeiler sind jeweils an drei Seiten von offenen Bücherschränken umkleidet, so daß den Besucher von jeder Stelle aus Bücherrücken anschauen. Die vier Joche sind im Fußboden an Sternen aus Holzintarsien und an der Decke an freskierten Flachkuppeln erkennbar. Wannenmachers wieder recht dunkle Deckenbilder, gefaßt im Rocaillestuck der Gebrüder Gigl, zeigen von Nord nach Süd chronologisch die ökumenischen Konzilien: Nikaia 325, Konstantinopel 381, Ephesus 431 und Chalcedon 451. In Kartuschen werden Bibelstellen zu den dort beschlossenen Glaubenssätzen gezeigt. Die Fensternischen schmücken Deckenbilder mit den westlichen Kirchenvätern an der Westseite und den östlichen Kirchenvätern an der Ostseite des Saales: ein wahrhaft ökumenisches Bildprogramm! Die Mönchsväter Anselm und Beda assistieren an der Südseite. Dort und an der Gegenseite befinden sich verdeckt die hölzernen Wendeltreppen zum Aufstieg auf die Empore. Heute führt die nördliche jedoch zum Lift ins Büchermagazin. Glanzstücke aus den Beständen werden abwechselnd in einigen holzgefaßten Glasvitrinen gezeigt: von Pergamenthandschriften aus der Gründerzeit des Klosters über Prachtexemplare der Buchmalerei bis zu raren Drucken. Unter den 130.000 Bänden sind etwa 2000 Handschriften und ca. 1650 Wiegen- und Frühdrucke. Besondere Kuriosa sind aus Elfenbein geschnitzte frühmittelalterliche Buchdeckel und altägyptische Mumienbehälter.
Insofern St. Gallen der Endpunkt einer Reise auf der Oberschwäbischen Barockstraße ist, kann der Gast hier noch einmal einen beeindruckenden Gesamtüberblick von der langen und hohen Kultur dieser in allerschönste Natur eingebetteten Kernlandschaft des einstigen Stammesherzogtums Schwaben gewinnen!

STATION 15
Insel Mainau
Das Kleinod im Blumenparadies

OBEN: EINE
BAROCKE
ANSICHT DER
MAINAU

UNTEN:
SCHLOSSANLAGE
MAINAU

Keine Frage: Der Bodensee gehört zu den attraktivsten Ferienlandschaften Deutschlands. Meistbesuchter Ort innerhalb dieses kleinen Paradieses aus Wasser, malerischen Städtchen und Gebirgspanorama ist jedoch die Mainau, die mit 44 Hektar Fläche nach der Reichenau zweitgrößte Insel im See. Viele tausend Besucher jährlich können sich nicht sattsehen an der Pracht der dort üppig blühenden und gedeihenden Blumen, Sträucher und Bäume. Die Mainau: großer botanischer Garten und Hort eines barocken Schmuckstücks.

Die natürliche Schönheit der Mainau haben schon die Alten erkannt. Zwar ist man sich über den Aufenthalt der Römer dort heute nicht mehr so sicher, doch zeigen Pfahlbaureste unter anderem bei Litzelstetten, daß die traumhafte Sandbucht schon früh besiedelt war.

Das Gebiet kam beim Niedergang des Klosters Reichenau zum Deutschen Orden, der eine blühende Niederlassung, eine sogenannte Kommende, aus dem klimatisch bevorzugten Eiland entwickelte. Im Dreißigjährigen Krieg waren zwar auch hier ernste Gefechte mit Truppen des Schwedengenerals Wrangel zu bestehen, doch nach dem Westfälischen Frieden von 1648 wurde die Insel wieder, was sie vorher war, nämlich Trost und Zuflucht, ja Kleinod der Ballei.

Im 18. Jahrhundert wollte freilich das finstere Schloß nicht mehr gefallen, das Erscheinungsbild paßte einfach nicht mehr in die auf Repräsentation bedachte Zeit. Da erklärte man es kurzentschlossen für baufällig. So entwarf der Baumeister der zuständigen Leitung der Ballei Elsaß-Burgund mit Sitz in Altshausen einen Idealplan zur Errichtung eines „Corps de Logis mit zwei Flügeln" anstelle des „schwermütigen Burghofes". Im ersten Bauabschnitt wurde 1732 mit dem Neubau der Kirche begonnen. Nach Fertigstellung des Rohbaus 1734 gab es eine Bauunterbrechung wegen des nach dem Tod des sächsischen Kurfürsten und polnischen Königs August des Starken ausgebrochenen Polnischen Thronfolgekrieges (1733–1735), der über Nacht bis an die Gestade des Bodensees drang.

So verzögerte sich der Beginn des Innenausbaus bis 1737. Hierzu verpflichtete Baumeister Johann Caspar Bagnato beste Künstler der Region: Francesco Pozzi (1700–1784) als Stukkateur, Franz Joseph Spiegler (1691–1757) als Maler und Joseph Anton Feuchtmaier (1696–1770) als Bildhauer und Altarbauer.

Der Deutsche Orden verfügte in der Barockzeit über eine recht straffe Organisation. So ließ sich der Hoch- und Deutschmeister aus seinen zwölf Ordensbezirken nicht nur über alle größeren Ereignisse und Vorhaben informieren, sondern auch bei Bauvorhaben erst einen Plansatz übersenden, bevor er seine Genehmigung gab. Für die Baumeister bedeutete dies ein damals noch recht umständliches Kopieren der Pläne, für die Boten bei den damaligen Verkehrswegen enorme Laufereien und für alle Zwischeninstanzen viel Verwaltung. Hoch- und Deutschmeister war zur Zeit der Errichtung der Mainauer Schloßkirche Clemens August, Erzbischof zu Köln, Bruder des bayerischen Kurfürsten und Bauherr von Schloß Augustusburg in Brühl. Er residierte in Bonn, weil er sich dort sicherer fühlte als in der ihm feindlich gesonnenen Freien Reichsstadt Köln.

1739 weihte der zuständige Konstanzer Weihbischof die neue Kirche. Nachdem der Bau dann in der Folgezeit verschiedene Veränderungen über sich ergehen lassen mußte, hat eine umfassende Renovierung 1978 den ursprünglichen barocken Zustand wiederhergestellt.

Gleich, ob der Besucher heute von der Landseite über den Inselsteg am sogenannten Schwedenkreuz vorbei oder mit dem Bodenseedampfer aus Konstanz, Meersburg oder Überlingen ankommt: Stets hat er einen bezaubernden Spaziergang durch die Parkanlagen hinter sich, wenn er oben am westwärts sich öffnenden Ehrenhof des Schlosses anlangt. Dort begrüßt ihn zunächst die Kirche – wie es sich für einen frommen Ritterorden auch gehört.

EIN HERRLICHER BLICK AUF DEN BODENSEE

Man sollte der Einladung der hübschen, jedoch schmalen, mit der Bleibüste der Kirchenpatronin Maria geschmückten Kirchtüre folgen und eintreten. Denn was drinnen zu sehen ist, läßt sich am relativ bescheidenen Äußeren kaum ablesen. Sahen wir da einen einfachen Längsbau mit halbrundem Chorabschluß (Apsis), ganz leicht angedeuteter Vierung und einem kleinen Dachtürmchen, das Ganze überdies in sparsamen Ausmaßen, so überrascht der Eindruck innen um so mehr. Ein weiter und lichter Raum empfängt den Besucher. Es scheint, als sei er innen größer als außen. Wie ist das möglich?

Über den im Prinzip rechteckigen Saal des Langhauses spannt sich eine Flachdecke mit längsovaler Kuppel. Der Übergang von der Decke zur

Wand ist ebenso elegant abgerundet und mit sehr feinem Stuck dekoriert wie der Übergang von den Längswänden zum senkrechten Chorbogen. Reizvoll sind die 45 Grad über Eck gestellten Seitenaltäre in diese Rundung einbezogen. Da das Auge nun an keinen Ecken und Kanten hängen bleibt, wirkt der so gestaltete Raum weniger begrenzt und dadurch größer. Verstärkt wird dieser Eindruck im Durchblick durch den Chorbogen. Ein weiteres Fensterpaar sorgt hier für indirekte Beleuchtung, wobei die leicht geschwungenen Brüstungen der über der Sakristei gelegenen Logen die Tiefenwirkung verstärken.

Raffiniert ist die Auslegung der Decke im Chorraum als weitere Flachkuppel, der die Freskierung ebenso wie im Langhaus zusätzlich Tiefenwirkung gibt. Erst hinter diesem zweiten Raumelement und einem zweiten Chorbogen öffnet sich der eigentliche Altarraum, der nun wieder durch verdeckte Fenster eine indirekte Beleuchtung erfährt. So kann sich der graugrüne Hochaltar mit seinem warmtonigen Ölbild vorteilhaft von der schalenartigen Außenwand abheben. An ihr verlaufen schließlich die beide Logen verbindenden Galerien, die durch filigrane Eisengitter gesichert sind.

Architekt Bagnato schuf mit recht bescheidenen Mitteln – die Kirche wurde mit gut 14.000 Gulden abgerechnet – einen festlichen Raum, in dem sich der Besucher spontan wohlfühlt. Die wichtigsten Anstöße empfing der Baumeister von der damals gerade begonnenen heutigen Schloßkirche zu Wolfegg, einer zukunftsweisenden Schöpfung des Füssener Baumeisters Johann Georg Fischer (1673–1747). Kongenial ergänzten die beteiligten Künstler diese gegenüber den Vorarlberger Bauten viel modernere, auf Zentralräumlichkeit ausgerichtete Planung.

Mühelos beherrscht der Feuchtmaiersche Hochaltar den Raum, ohne auf ihm zu lasten. Typisch für das Werk des Meisters sind die lebensgroßen Figuren in ihrer Langgezogenheit, mit ihren schmalen Schultern und ihrer Hüftdrehung, als hätten sie ein Kugellager im Becken. Die Gesichter sind ausdrucksstark: Diese mächtigen Engel haben in den Gewölben des Himmels große Dinge geschaut.

Zur Meditation lädt auch das Altarblatt von Spiegler ein. Es zeigt die „Heilige Sippe". In der Form eines Andreas-Kreuzes finden wir um das Zentrum herum Maria mit dem Kinde, die leibliche und geistliche Verwandtschaft Jesu. Entzückend der Kontakt des kleinen Knaben zum wenig älteren Johannes, dem späteren Täufer. Sein Vater Zacharias wird als jüdischer Tempelpriester und Repräsentant des Alten Testaments, mittels Farbe und Form, gewichtet – so sehr, daß am oberen Ende der Bilddiagonale Gottvater selbst erscheint! Diese geistliche Beziehung überlagert eindeutig die irdische zwischen der weiteren Verwandtschaft und dem Pflegevater Joseph mit dem Maßstab in der Hand.

Das Altarblatt lädt uns dazu ein, das Geheimnis der Menschwerdung Gottes betrachtend mit hinauszunehmen in das Paradies der Blumeninsel, wo es dem Schopfer gefallen hat, den ganzen Reichtum seiner so wunderbar erlösten Natur zu entfalten.

STATION 16
Birnau
Das schöne Ende eines Wirtshausstreits

Wer bei einem Ausflug an den Bodensee womöglich vom Schiff aus den Rebhang um die Birnau am Nordufer des Überlinger Sees sieht, kann ihn sich kaum mehr ohne die Kirche vorstellen – so glücklich vereint erscheinen hier Natur und Menschenwerk. Und doch ist der Bau des Priorats vor gerade 250 Jahren in einer Art Nacht- und Nebelaktion geplant und ausgeführt worden und somit alles andere als eine im Ursprung harmonische Schöpfung. Daß es eine Vorgeschichte gab, darauf weist auch der genaue Name „Neu-Birnau" hin.

Das Wallfahrtsbild der Lieblichen Muttergottes, das heute in der bereits dem Rokoko verpflichteten Kirche verehrt wird, befand sich ursprünglich in Alt-Birnau, einer Kapelle oberhalb von Nußdorf bei Überlingen, die Salemer Zisterzienser betreuten. Nach dem Dreißigjährigen Krieg und dem Neubau der Kapelle verzeichnete die Wallfahrt einen starken Aufschwung. Darüber freuten sich auch die Betreiber des benachbarten Wirtshauses, das zwecks stetig gefüllter Kassen auf dem Boden und im Auftrag der Reichsstadt Überlingen möglichst viel städtischen Wein an Pilger ausschenken sollte. Die Folge waren Lärm und Raufereien bis spät in die Nacht, denn mancher Besucher fühlte nicht nur ein unstillbares Verlangen nach frommer Hingabe, sondern auch nach die bußfertige Seele tröstendem Wein. Das aber störte die beiden die Wallfahrt betreuenden Mönche, die ja, anders als die Zecher, entsprechend der Regel ihres Ordens sehr früh zur ersten Gebetszeit aufstanden.

WALLFAHRTS-
KIRCHE BIRNAU

Als nun das selbstbewußte Stadtregiment auf entsprechende Eingaben des Zisterzienserabtes nicht einging, landete der einen Überraschungscoup: Nachdem er dafür in geheimen Verhandlungen die päpstliche Genehmigung erwirkt hatte, ließ er seine Mitbrüder am 4. Februar 1746 das Gnadenbild nach Salem überführen. Die Überlinger guckten in die Röhre. Kurz darauf legte der aus Vorarlberg stammende Baumeister Peter Thumb (1681–1766) erste Pläne für eine „Neu-Birnau" vor, die in etwas

vereinfachter Form auch verwirklicht wurden. Die Grundsteinlegung feierte man am 11. Juni 1747.
Schon gut drei Jahre später war der Bau fertig, und die Mönche brachten das Gnadenbild in feierlicher Prozession von Salem in das neue Gotteshaus. Diesen Weg können Besucher auch heute noch nachvollziehen: Es handelt sich nämlich um den landschaftlich reizvollen „Prälatenweg". Freilich dauerte die reichhaltige Ausstattung der Kirche vor allem durch den Salemer Lehensmann Joseph Anton Feuchtmaier, der uns ja bereits verschiedentlich begegnet ist, noch bis 1758. Doch was hat dessen schier unerschöpflicher Genius gerade in dieser Kirche hinterlassen!
Das zeigt sich schon an der Außenfront: Wer die Fassade des parallel zum Seeufer ausgerichteten Prioratsbaues erreicht hat, dessen Blicke richten sich unwillkürlich auf das Fundament des schlanken Turmes. Hier öffnet sich das üppig dekorierte Portal für Wohnhaus und Kirche in der sonst nur leicht gegliederten Baufront. Über der Prachttüre wölbt sich ein Balkon mit filigranem Gitter, auf den eine Flügeltür hinausführt. Darüber steht in etagenhoher Nische auf der Höhe des zweiten Stockwerks die überlebensgroße Figur der Jungfrau Maria. Sie wendet sich dem Pilger mit ungewöhnlichem Schwung zu.

EIN FESTSAAL AD MAIOREM DEI GLORIAM

Als nicht weniger genial arrangiert erlebt man die Wegführung mittels einer Art Tunnel durch das Prioratsgebäude in die Kirche. Hat man die Treppenstufen erklommen, so eröffnet sich einem zuerst ein sehr enger Fernblick in den viel helleren Kirchenraum. Schließlich findet man sich inmitten aller Herrlichkeit dieser Kirche: einem fünfachsigen Langhaus, dessen vierte Achse von Ausrundungen querhausartig betont und dann zweimal abgerundet verengt wird – vom Langhaus zum quadratischen Chor und von diesem zum etwa halbkreisförmigen Altarraum. An diesen Rundungen stehen jeweils der Biegung angepaßte Seitenaltäre.

Noch interessanter als dieser Grundriß ist die Gliederung des aufsteigenden Mauerwerks. Eine umlaufende Balustrade mit zauberhaftem Bändelmuster unterteilt es, marmorierte Pilaster in den einzelnen Jochen strukturieren es.

Eigentümlich ist die Deckengestaltung: Der Maler Gottfried Bernhard Göz (1708–1774) deutet die Raumgliederung um, indem er an der flachen Gewölbedecke mit den tief einschneidenden Fensternischen zwei Joche zu einem himmlischen Engelkonzert zusammenfaßt und somit an die Funktion der Orgel an der Südwand anschließt. Dann malt er einen in der Architektur nicht vorhandenen Gurtbogen beiderseits der an der Decke originell plazierten Uhr.

Die Joche drei bis fünf öffnet der aus Mähren stammende Göz nach oben in dezent gemalter Scheinarchitektur, in deren Mitte auf braunen Wolken die Gnadenmutter Maria erscheint. Unter den Maria verehrenden Personen, die auf dem gemalten Gesims stehen, erkennen wir mit dem Bauplan in der Hand den Auftraggeber, Abt Anselm II. Über dem Chor ist die Decke als Flachkuppel geformt, die Göz – wieder in Scheinarchitektur – mit Maria als der Apokalyptischen Frau ausmalte. Der herzförmige Spiegel in den Händen einer darunter plazierten Figur ist ein Symbol der Liebe und so ausgerichtet, daß der vom Chor Aufblickende sich darin sieht!

Über dem gewaltigen Hochaltar aus der Werkstatt Feuchtmaiers mit dem alten Gnadenbild schließlich erscheint die beim biblischen König Ahasver fürsprechende Ester als Vor-Bild der bei Christus fürsprechenden Maria in der kleinen Flachkuppel. Bemerkenswert sind die vier großen, stuckweiß den Altar umstehenden Feuchtmaier-Figuren Joachim, Anna, Zacharias und Elisabeth – ebenso expressiv wie die beiden Johannes-Statuen an den vorderen Seitenaltären.

Im Blickpunkt der meisten Birnau-Besucher stehen die beiden großen hinteren Seitenaltäre. Doch viele heutige „Wallfahrer" zum berühmten Honigschlecker-Engel werden deren tiefere Bedeutung kaum kennen:

Ihre Weihe an die heiligen Benedikt links und Bernhard rechts dokumentiert das Selbstverständnis der Zisterzienser, die sich als Reformorden verstanden und glaubten, ursprünglicher als die Benediktiner im Geiste des Benedikt zu leben – in Folge der begeisternden Predigt ihres Ordensgründers Bernhard von Clairvaux. Daß dessen Worte für die Hörer so süß wie Honig gewesen sein müssen, verdeutlicht der bekannte Putto mit dem Bienenkorb. Gözens Altarbild erklärt diese besondere Begabung näher: Die Redekunst des großen Predigers ist Folge einer „Lactatio", einer Milchspende, die Maria vom Himmel her dem jungen Theologen zukommen ließ! Auch die Maltechnik des Herrn Goez hatte ihre Feinheiten. Der Öl- und Freskomaler Gottfried Bernhard Göz (1708–1774) stammte aus Welehrad in Mähren, kam aber in jungen Jahren nach Deutschland und nahm seinen Wohnsitz und seine Ausbildung in Augsburg. Die dortige städtische Akademie hatte einen guten Ruf unter den Malern, besonders seit sie unter der Leitung des auch in Oberschwaben (Ochsenhausen, Lindau) tätigen Johann Georg Bergmüller stand.

Sowohl im Böhmischen als auch in Augsburg gab es schon damals ein gutes Bier. Der von Göz jedoch nicht weniger geschätzte Wein war dort rar und teuer. Als Aufträge besonders für Salem ihn an den Bodensee führten, stellte der Maler fest, daß man hier und vor allem in den geistlichen Gebieten über recht trinkbare Tropfen in reichlichen Mengen verfügte. Das gefiel Göz sehr und brachte ihn auf eine Idee – und uns in den Genuß einer allerdings nur teilweise belegten Anekdote. Göz gedachte nämlich, in jeden Arbeitsvertrag die Lieferung eines ansehnlichen Quantums Rebensaft durch den darüber verfügenden Bauherrn aufzunehmen.

Um dies zu erreichen, erklärte er dem Auftraggeber, daß er über eine eigene Technik verfüge, die den Gemälden eine erhöhte Lebensdauer verleihe. Freilich benötige er, so seine Behauptung, hierzu ein bestimmtes Quantum Wein, mit dem er die Farben anmische. Da man gerade in den Klöstern um den rechten Nachruhm sehr besorgt war, andererseits nach merkantilistischen Regeln viel lieber auf im eigenen Klosterstaat vorhandene Rohstoffe zurückgriff als auf solche, die man gegen Geld auswärts besorgen mußte, fand dieser Vertragspunkt ohne weiteres die Billigung des jeweiligen Prälaten.

Nachdem Göz so bereits 1738 für Salem gearbeitet hatte, später auch für den Bischof von Konstanz (Meersburger Schloßkapelle) und das Kloster Weingarten (Audienzsaal), wurde er 1749 zum Freskanten der Birnau bestimmt. Hier ereignete sich nun ein Arbeitsunfall: Der Maler stürzte in leicht beseligtem Zustand vom Gerüst und konnte von Glück sagen, daß er

sich lediglich einen Fuß brach. Doch der Vorfall zog genaueste Nachforschungen des Salemer Abtes Anselm II. nach sich, der wegen seiner umsichtigen Regierung bekannt war. Zunächst eher bereit, eine Nachlässigkeit beim Gerüstbau der Klosterleute aufzudecken, erfuhr der Abt endlich, daß Meister Göz den akkordierten Wein ausschließlich zur „inneren Anwendung" brachte. Doch bevor der gestrenge Kirchenfürst zu Strafmaßnahmen greifen konnte, deren schwerste wohl die Entlassung aus dem begehrten Freskoauftrag gewesen wäre, schritt Göz zur Buße: Mit seinem Gipsbein humpelte er auf das untadelige Gerüst – und malte sich selbst samt Blessur in vorderster Front unter die armen und kranken Bittsteller zu Füßen der in der Birnau verehrten Muttergottes.

Was konnte der um den Baufortschritt ebenso wie um den Ruf der Birnauer Muttergottes bemühte Abt anderes tun, als dem weinseligen Maler zu verzeihen und so für eine weitere Gebetserhörung Sorge zu tragen?

GESEGNETE UFER

Hoch droben an der Kirchendecke, ganz in der Nähe der Uhr, erinnert der Freskant bis heute an den Großmut von Bauabt und Gnadenmutter. Freilich nur für jene Besucher, die darum wissen.

Nicht weniger anspruchsvoll war das Gegenstück zu malen. Es zeigt den Tod Benedikts: stehend, im Kreise seiner Schüler und den Himmel offen sehend. Der Putto dieses Altars verweist mit dem Buch in der Hand auf die grundlegende Rolle, die die Regel Benedikts für das abendländische Mönchstum spielt. „Asculte o filio – Höre, mein Sohn" will der Zeigefinger an der emporgestreckten Hand dieses Engelknaben sagen. Ihre Beziehung zueinander verkörpern beide Putti, indem sie jeweils ihre Attribute zum Altar und ihre liebenswürdigen Gesichter zum Betrachter wenden.

Sechs nach der Säkularisation glücklich wieder zusammengetragene Kreuzwegstationen als kleine, in Stuck gestaltete „Miniaturtheater" aus der Werkstatt des bereits erwähnten Joseph Anton Feuchtmaier verdeutlichen, was der Besucher in der Birnau noch alles entdecken kann – wenn er nur die rechte Muse aufbringt.

Wenn er sich dann anschickt, dieses Himmelreich des Rokoko zu verlassen, widerfährt ihm noch ein letztes beglückendes Erlebnis: die sich Schritt für Schritt den Blicken öffnende Herrlichkeit der Bodenseelandschaft draußen.

Anhang

1. KÜNSTLERVERZEICHNIS

Amigoni, Jacopo (1682–1752), Maler: *Einleitung, Ottobeuren*

Asam, Cosmas Damian (1686–1739), Baumeister und Maler: *Weingarten*

Bachmann, Sixtus (1754–1825), Komponist: *Obermarchtal*

Bagnato, Johann Caspar (1696–1757), Baumeister: *Mainau*

Beer, Franz d.J. von Bleichten (1660–1726), Baumeister: *Obermarchtal, Weingarten, Weißenau*

Bergmüller, Johann Georg (1688–1762), Maler: *Ochsenhausen, Biberach*

Brugger, Andreas (1737–1812), Maler: *Tettnang*

Carlone, Carlo (1686–1775), Maler: *Einleitung, Ottobeuren*

Carlone, Diego (1674–1750), Bildhauer: *Einleitung*

Christian, Johann Josef (1707–1777), Bildhauer: *Zwiefalten, Ottobeuren*

Dirr, Franz Anton (1724–1801), Bildhauer: *Weißenau, St. Gallen*

Feuchtmaier, Johann Michael (1696–1772), Stukkateur: *Zwiefalten, Ottobeuren*

Feuchtmaier, Joseph Anton (1696–1770), Bildhauer und Stukkateur: *Weingarten, Tettnang, St. Gallen, Mainau, Birnau*

Fischer, Johann Georg (1673–1747), Baumeister: *Weingarten*

Fischer, Johann Michael (1692–1766), Baumeister: *Wiblingen, Zwiefalten, Ottobeuren*

Frisoni, Donato Guiseppe (1683–1735), Baumeister: *Einleitung, Weingarten*

Gabler, Joseph (1700–1771), Orgelbauer: *Weingarten, Ochsenhausen*

Gigl, Gebrüder, Stukkateure: *St. Gallen*

Göz, Gottfried Bernhard (1708–1774), Maler: *Birnau*

Hafner, Joseph Anton (1709–1756), Maler: *Weißenau*

Heiß, Johann (1640–1704), Maler: *Obermarchtal, Weißenau*

Hermann, Franz Georg (1692–1768), Maler: *Schussenried*

Holzhey, Johann Michael (1729–1762), Maler: *Isny*

Holzhey, Johann Nepomuk (1741–1809), Orgelbauer: *Weißenau*

Machein, Georg Anton (1685–1739), Bildhauer: *Schussenried*

Maulbertsch, Franz Anton (1724–1796), Maler: *Tettnang*

Moosbrugger, Kaspar (1656–1723), Baumeister: *Weingarten*

Prestel, Johann Georg (†1778), Bildhauer: *Weißenau*

Schmuzer, Franz (1676–1741), Stukkateur: *Weißenau, Weingarten*

Sing, Johann Caspar (1651–1729), Maler: *Schussenried*

Spiegler, Franz Joseph (1691–1757), Maler: *Zwiefalten, Weingarten, Mainau*

Sporer, Fidelis (1731–1811), Bildhauer: *Schussenried, Weingarten, St. Gallen*

Stauder, Jakob Carl (1694–1756), Maler: *Ottobeuren, Weißenau*

Thumb, Michael (1640–1690), Baumeister: *Obermarchtal*

Thumb, Peter (1681–1766), Baumeister: *Birnau*

Wieland, Johann Georg (1742–1802), Bildhauer: *Weißenau*

Zick, Januarius (1730–1797), Maler: *Wiblingen*

Zick, Johann (1702–1762), Maler: *Schussenried, Biberach*

Zimmermann, Dominikus (1685–1766), Baumeister und Stukkateur: *Schussenried, Sießen, Steinhausen*

Zimmermann, Johann Baptist (1680–1758), Maler und Stukkateur: *Sießen, Steinhausen, Ottobeuren*

2. LITERATURVERZEICHNIS

Aßfalg, Winfried: Johann Friedrich Vollmar. Lindenberg 2001
Barczyk, Michael: Essen und Trinken im Barock. Sigmaringen 1981
Bauer, Hermann: Der Himmel im Rokoko. Regensburg 1965
Beck, Otto / Buck, Ingeborg Maria: Oberschwäbische Barockstraße. München / Zürich 1987 ff.
Boeck, Wilhelm: Joseph Anton Feuchtmayer. Kunst am See 5, Friedrichshafen 1981
Braubach, Max: Vom Westfälischen Frieden bis zur Französischen Revolution. In: Gebhardt: Handbuch der deutschen Geschichte Band 10. München 1974
Brunner, Herbert: Reclams Kunstführer Deutschland Band II. Stuttgart 1971
Bushart, Bruno / Rupprecht, Bernhard (Hg.): Cosmas Damian Asam. München 1986
Dreher, Alfons: Geschichte der Reichsstadt Ravensburg Band 1 und 2. Weißenhorn 1972
Feger, Otto: Geschichte des Bodenseeraumes. Band 1–3. Konstanz / Lindau 1956–63
Fritz, Gerhard: Barocker Alltag. In: Unseld, Werner: Barock und Pietismus. Ludwigsburg 2004
Gubler, Hans Martin: Johann Caspar Bagnato 1696–1757. Sigmaringen 1985
Handbuch der historischen Stätten Deutschlands Band 6: Baden-Württemberg. Hg. Max Miller. Stuttgart 1965
Hauser, Frederik Karl: Klöster am Bodensee. Ostfildern 2005
Hawel, Peter: Der spätbarocke Kirchenbau und seine theologische Bedeutung. Würzburg 1987
Hosch, Hubert: Hofkünstler. In: Die Bischöfe von Konstanz Band II: Kultur S. 89–103. Friedrichshafen 1988
Keller, Hiltgart L.: Reclams Lexikon der Heiligen und der biblischen Gestalten. Stuttgart 1987
Kolb, Nanette und Raimund: Franz Joseph Spiegler 1691–1757. Kostbarkeiten barocker Malerei. (Bild –Tb) Passau 1991
Kolb, Raimund: Auf Reisen. Bergatreute 1989
Kolb, Raimund: Franz Joseph Spiegler 1691–1757. Erzähltes Lebensbild und wissenschaftliche Monographie. Bergatreute 1991
Kolb, Raimund et al. An den Pforten des Paradieses. Reihe KS-Kompakt Heft 4. Ostfildern 1996
Lampl, Sixtus: Dominikus Zimmermann – wie ihn kaum jemand kennt. München / Zürich 1987
Lieb, Norbert / Dieth, Franz: Die Vorarlberger Barockbaumeister. München 1960
Lieb, Norbert: Johann Michael Fischer. Regensburg 1982
Maier, Hans / Press, Volker (Hg.): Vorderösterreich in der frühen Neuzeit. Sigmaringen 1989
May, Johannes: Die himmlische Bibliothek im Prämonstratenserkloster Schussenried. Marbacher Magazin 87/1999 Sonderheft 2000
Metz, Friedrich (Hg.): Vorderösterreich. Freiburg 1967
Nagel, Adalbert P.OSB: Armut im Barock. Weingarten 1986
Prusinowsky, Rupert P.OSB: Benediktinerabtei Ottobeuren. Tübingen 1986
Schahl, Adolf: Kunstbrevier für das Bodenseegebiet. Stuttgart 1959
Schahl, Adolf: Kunstbrevier Oberschwaben. Stuttgart 1961
Spahr, Gebhard P.OSB: Oberschwäbische Barockstraße Band I–V. Weingarten 1978–84
Studer, Daniel (Hg.): Kunst- und Kulturführer Kanton St. Gallen. Ostfildern 2005
Thierer, Manfred (Hg.): Lust auf Barock. Lindenberg 2002
Tintelnot, Hans: Die barocke Freskomalerei in Deutschland. München 1951
Tüchle, Hermann: Aus dem schwäbischen Himmelreich. Ulm 1977

3. TIPS UND WEITERE INFORMATIONEN VOR ORT

Informationen und Angebote zur Oberschwäbischen Barockstraße
Ferienlandschaft Allgäu & Oberschwaben, Hauptstraße 27, 88339 Bad Waldsee,
Tel.: 07524 / 90 53 50, www.barockstrasse.org

Informationen vor Ort
Ulm und Wiblingen
Tourist-Information Ulm / Neu-Ulm, Münsterplatz 50 (Stadthaus), 89073 Ulm,
Tel.: 0731 / 161 28 30, www.tourismus.ulm.de

Zwiefalten
Tourist Information, Marktplatz 3, 88529 Zwiefalten, Tel.: 07373 / 20 50, www.zwiefalten.de

Bad Saulgau und Kloster Sießen
Tourist-Information, Lindenstraße 7, 88348 Bad Saulgau, Tel.: 07581 / 20 09 22,
www.bad-saulgau.de

Bad Schussenried (und Steinhausen)
Tourist-Information, Rathaus, 88427 Bad Schussenried, Tel.: 07583 / 94 01-70, -71,
www.bad-schussenried.de

Biberach
Tourist-Information, Theaterstraße 6, 88400 Biberach an der Riß, Tel.: 07351 / 5 14 83

Ochsenhausen
Städtisches Verkehrsamt, Marktplatz 1, 88416 Ochsenhausen, Tel.: 07352 / 92 20 26

Weingarten
Amt für Kultur und Tourismus, Münsterplatz 1, 88250 Weingarten, Tel.: 0751 / 4 05-125,
-127, www.weingarten-online.de

Ravensburg und Weißenau
Tourist Information Ravensburg, Kirchstraße 16, 88212 Ravensburg,
Tel.: 0751 / 82-324, -326, www.ravensburg.de

Ottobeuren
Touristikamt, Marktplatz 14, 87724 Ottobeuren, Tel.: 08332 / 92 19 50, www.ottobeuren.de

Wangen im Allgäu
Gästeamt – Tourist Information, Marktplatz 1, 88239 Wangen, Tel.: 07522 / 7 42 11,
www.wangen.de

Isny im Allgäu
Kurverwaltung, Unterer Grabenweg 18, 88316 Isny im Allgäu, Tel.: 07562 / 98 41 10,
www.isny.de

Tettnang
Tourist-InfoBüro Tettnang, Montfortstr. 10, 88069 Tettnang, Tel.: 07542 / 95 25 55,
www.tettnang.de

St. Gallen
St. Gallen-Bodensee-Tourismus, Bahnhofplatz 1a, CH-9001 St. Gallen,
Tel.: +41 (0)71 / 2 27 37 37, www.st.gallen-bodensee.ch

DANKSAGUNG

Die beglückende Erfahrung der Harmonie zwischen Natur und Kultur Oberschwabens, die ich gleichsam mit der Muttermilch aufgesogen habe, gibt mir die Zuversicht, daß dieses Buch vielen Lesern Freude bereiten wird. Dazu kommt der vierzigste Geburtstag von Deutschlands ältester Tourismusstraße – das Erreichen des Schwabenalters sozusagen.

Laut Sprichwort hat der Erfolg viele Väter. Daher seien jetzt einige der Väter dieses Buches aufgeführt, zu denen natürlicherweise auch Mütter gehören: Der Vorrang gebührt Herrn Thomas Moritz Müller aus der Redaktion des Katholischen Sonntagsblattes, der Kirchenzeitung für die Diözese Rottenburg-Stuttgart. Er ermunterte mich zu einer achtteiligen Serie unter dem Titel „An den Pforten des Paradieses", die als erweiterter Sonderdruck in der Reihe KS-Kompakt ein bei Touristen beliebter und schnell vergriffener Erfolgstitel wurde. Das war vor zehn Jahren! Herrn Dr. Jörn Laakmann vom Thorbecke Verlag gebührt das Verdienst, die im KS-Heft erreichte Qualität erkannt und zur Basis eines Buches auf wesentlich verbreiterter Basis gemacht zu haben. Engagiert unterstützt wurde er dabei von Herrn Frederik Hauser.

Mein Vater Wilhelm Kolb hat mir die Liebe zu Oberschwaben zu Fuß, per Fahrrad und über die Fotografie vorgelebt. Kein Wunder, daß seine Enkelin, meine Tochter Gisela Kolb guten Rat ebenso wie gute Fotos beisteuern konnte. Frau Nanette Kolb, Herrn Professor Klaus Bodemeyer und Herrn Dr. Hubert Hosch verdanke ich wertvolle Gesichtspunkte bei der Bildinterpretation, den Herren Prof. Dr. Norbert Kruse und Dr. Hans Ulrich Rudolf bei geschichtlichen Zusammenhängen. Das gilt auch für die Stadtarchive Weingarten und Ravensburg und die Herren Uwe Lohmann, Dr. Andreas Schmauder und Frau Beate Falk. Mein Schulkamerad Jürgen Hohl hat mir oberschwäbischen Barock in Wort und handwerklicher Tat vorgelebt. Als fröhliche Lernwerkstatt erlebte ich die kollegialen Autoren von „Lust auf Barock". Unter der Ägide von Prof. Dr. (für uns eben „Manne") Thierer arbeiteten da wie eine halbe oberschwäbische Artusrunde noch zusammen die Herren Friedemann Babst, Michael Barczyk, Berthold Büchele, Peter Faul und Jan Koppmann. Letzterem verdanke ich auch die Mitarbeit im rund um den Bodensee beheimateten Autorenkreis der Internationalen Bodenseekonferenz zu den Themenheften Barock und Literatur: Hannes Alder, Robert Ehrmaier, Walter Hutter, Uwe Moor, Winfried Schafhäutle, Christa Tholander und Hermann Zitzlsperger. Fachphilosophische Impulse gerade im Denkhorizont Straße mit ihren wechselnden Perspektiven verdanke ich Herrn David Espinet.

Nicht weniger wertvoll sind die Beiträge der Firmen Studiosus Reisen und Pienti Travel in München, Biblische Reisen Stuttgart, Heine Reisen in Wangen, Ferienlandschaft Allgäu & Oberschwaben sowie der Schwäbischen Bauernschule in Bad Waldsee und der Tourismusgesellschaft Oberschwaben in Bad Schussenried, die mir ermöglichen, unterschiedlichen Teilnehmern Einblicke in meine Heimat zu vermitteln.

Konkrete Mitarbeit an diesem Buch leisteten in der Textverarbeitung meine Schüler Felix Dollinger und Joachim Neff sowie bei der schnellen Fotobearbeitung die drei freundlichen Damen Silvia Dennenmoser, Susanne Endres und Margot Fischer in der Fotofiliale Stober in Ravensburg.

Schließlich empfinde ich besondere Dankbarkeit dafür, seit 28 Jahren zum Gymnasium Weingarten zu gehören. Mit seinen allerliebsten Sekretärinnen, um die wir seit Gründung der Schule zu Recht beneidet werden. Auch bin ich mir bewußt, daß lange nicht alle Menschen Kollegen haben, mit denen sie wie ich, wenn's danach ist, „über Gott und die Welt" sprechen können. Wertschätzung solcher Kollegen bis in die Schulleitung, von Schülern und Elternschaft bedeuten Rückenwind in einer auf den ersten Blick für Heimatthemen an Gegenwinden reichen Zeit.

Allen, auch den Ungenannten, sage ich meinen tiefempfundenen Dank!

Weingarten, im Zentrum der Oberschwäbischen Barockstraße und im Jubiläumsjahr 2006

Jürgen Klöckler / Norbert Fromm
Der Bodensee in frühen Bildern
Photographien aus der Sammlung Wolf 1860–1930
144 Seiten
zahlreiche Abbildungen im Duplex-Druck
gebunden
ISBN-10: 3-7995-6839-5
ISBN-13: 978-3-7995-6839-5

130 frühe Aufnahmen des Bodenseeraums wurden für diesen Band ausgewählt. Eindrucksvolle Landschaftsaufnahmen der Inseln Mainau, Reichenau und Lindau spiegeln die Bodenseeregion in der Zeit von 1860 bis 1930. Die Photographien erzählen zudem von den Anfängen der Bodenseeschiffahrt und von der Erschließung des Bodenseeraums durch die Eisenbahn.

Frederik Karl Hauser
Klöster am Bodensee
Reise durch eine Kulturlanschaft
120 Seiten
durchgehend vierfarbig
gebunden
ISBN-10: 3-7995-0135-5
ISBN-13: 978-3-7995-0135-4

Eine alte Kulturlandschaft und ein beliebtes Ferienziel – das ist der Bodenseeraum. Hier läßt sich Geschichte hautnah erleben. Zugleich Reisebegleiter und Einführung in eine grenzüberschreitende Kulturlandschaft, führt dieses Buch mit prächtigen Bildern zu den 30 bedeutendsten Klöstern rund um den Bodensee.

„Ein eindrücklich gestalteter, mit prächtigen Fotos versehener Bild- und Textband zu den zahlreichen Klöstern rund um den Bodensee. Ein hervorragender Reiseführer für kunst- und kirchenhistorische Ausflüge in der Nähe." SCHWEIZERZEIT

 JAN THORBECKE VERLAG